監修者——佐藤次高／木村靖二／岸本美緒

［カバー表写真］
大天使ガブリエルから神の啓示を受けるムハンマド
（14世紀，ニューヨーク公共図書館）

［カバー裏写真］
メッカ征服に向かうムハンマドと従者
（16世紀，トプカプ宮殿，イスタンブル）

［扉写真］
ムハンマドに対してイスラームの受け入れを表明する男女
（14世紀，ニューヨーク公共図書館）

世界史リブレット100

ムハンマド時代のアラブ社会

Goto Akira
後藤　明

目次

ムハンマドの時代

　ムハンマドとは、イスラームという宗教を説き起こした人物のことである。五七〇年ごろアラビアのメッカ▲に生まれたとされている。四十歳のころ、神▲から啓示(神の言葉)を授かったと自覚し、メッカで神への信仰を説きはじめた。五十二歳のころ、ムハンマドはメッカを棄ててメディナ▲に移住し、おおよそ六十二歳で没した。わが国の聖徳太子(厩戸王《うまやとおう》)とほぼ同時期に生まれ、彼よりは多少長生きをしたことになる。

　ムハンマドは、はじめはメッカの住民を相手に信仰を説いた。しかしメッカの住民の圧倒的多数はムハンマドの信仰を冷笑し、少数ながらも存在したムハンマドの信仰を受け入れた信者を迫害した。この状況に絶望したムハンマドは、

▼**メッカ**　イスラームにおける最大の聖地。ムハンマドの時代のメッカについては、二八頁以下で詳述している。

▼**神**　天地万物を創造した唯一の存在。アラビア語でアッラーという が、ユダヤ教やキリスト教でいう神と同じ存在。

▼**メディナ**　メッカとともにイスラームの二大聖都という。ムハンマドの時代のメディナは四九頁以下で詳述している。

メッカの外の人びとにも信仰を説きはじめ、結果としてメディナの住民に受け入れられて、少数の信徒とともにそこに移住した。ムハンマドの晩年には、メッカやメディナの住民を含むアラブ▲の大多数は、ムハンマドの宗教的・政治的権威を認めるようになっていた。

イスラーム▲と呼ばれることになるムハンマドの信仰は、現在では世界の各地で受け入れられて、信者の数は十数億人にのぼる。現在のイスラームは、ムハンマドが神から受けた言葉とされる『コーラン』の文言と、ムハンマドの言行を伝えた伝承（ハディース▲）を基礎にしている。ムハンマドの時代が、現在に生きているのである。イスラームという宗教を受け入れている現代の人びとは、ムハンマドの時代を、未開で野蛮な時代とか、現代とはまったく異なる「いにしえ」などととらえることはない。むしろ、現代につうじる時代で、ムハンマドは理想の社会をつくったとみなす傾向が強い。

では、彼の時代のアラブの社会は、実際はどのようなものであったのであろうか。

▼アラブ　現在では、西アジアから北アフリカにかけての広範な地域の住民を指す言葉であるが、ムハンマドの時代では、アラビア（シリア砂漠を含む）の住民だけを指している。

▼イスラーム　現在では、宗教とともに、それにもとづいた価値体系や文明を指す。ムハンマドの時代は「正しい信仰」の意で用いられる言葉で、場合によってはキリスト教やユダヤ教を含んでいる。

▼ハディース　ムハンマドや彼と同世代人の言行を伝えた伝承で、『コーラン』の文言とともにイスラーム法の法源とされている。しかし、ムハンマドにかんする伝承が整理される過程では、ムハンマドや同世代人、彼らの祖先たちにかんする雑多な伝承はすべてハディースと呼ばれていた。本書での「伝承」は、それらを指している。

●ムハンマド時代の西アジア

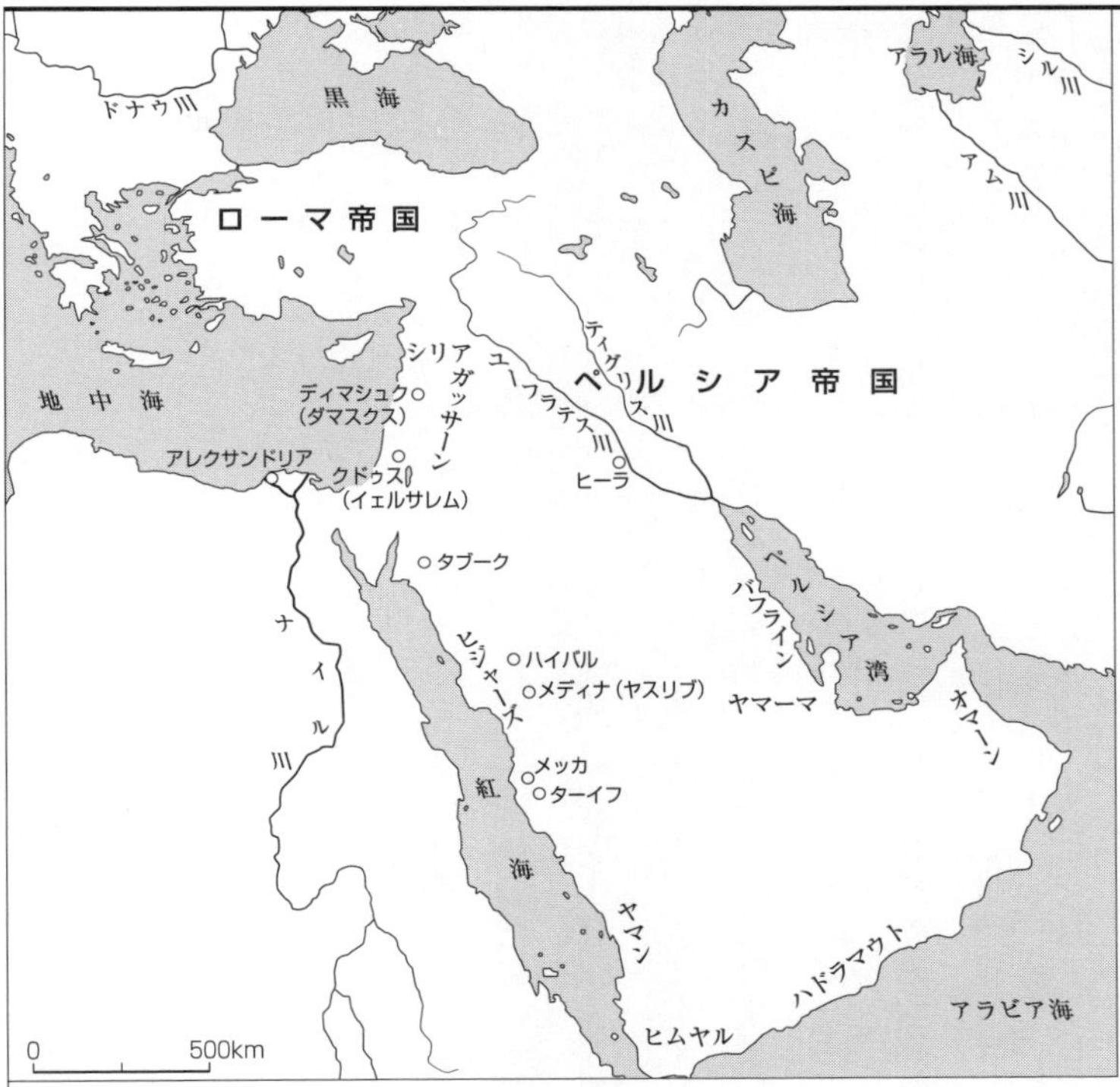

●現代の『コーラン』　一九八五年、ダマスクスで刊行された『コーラン』。図は最初の一節「開扉の章」。

①—ムハンマド時代の国家と人びと

南アラビアの古代国家

ムハンマドが生まれ育ったメッカや、晩年に根拠地としたメディナは、後述するように、いかなる国家にも支配されていない、自立した都市・農村であった。メッカとメディナは、アラビア半島のヒジャーズと呼ばれる地域にあるが、ムハンマドの時代に、そのヒジャーズに国家と呼べるような組織はなかった。では、アラビアに国家がなかったのかと問われれば、その答えは単純ではない。アラビアに、高度な技術に裏づけられた農業(五一頁以下参照)が導入されてからムハンマドの時代までに、およそ一千年が経過している。その間にアラビアで、いくつかの国家と呼ぶべきものが興亡している。

アラビア半島の南西部をイエメンという。ここで、紀元前一千年紀のなかごろから、いくつかの国家が成立している。それらの国家の存在は、この地に残されている古代南アラビア語の碑文によって確認できる。わが国で弥生時代や古墳時代として知られている時期に、アラビアのイエメンに高度に発達した国

▼ヒジャーズ　アラビア半島の西側、紅海に面した地域名。

▼古代南アラビア語　現代アラビア語とはかなり異なる言語で、紀元前一千年紀からムハンマドの時代の直前まで使われていた。現代のエチオピアの言語と同系統である。ムハンマドの時代には、ほとんど使われなくなっていたと思われる。

家があり、興亡を繰り返していたのである。これらの南アラビア（イエメン）の国家は、ときにはアラビア半島の北部に軍事遠征隊を派遣しているが、ヒジャーズ地方を含めて、半島の北部を安定的に支配していた時期はなかったと思われる。

南アラビアと北アラビア

碑文に残されている古代南アラビアの言語は、ムハンマドの時代のアラビア語とはかなり異なっている。一方、アラビアの北部から発見されている碑文の言語は、ムハンマドの時代のアラビア語に近似している。言語の面から、紀元前後のころまで、アラビアには、南アラビア語系言語使用者と北アラビア語系言語使用者が、それぞれ南北に分かれて居住していたと思われる。

ムハンマドの時代を伝える伝承は、アラビアの住民であるアラブを、系譜のうえで、南アラブ系と北アラブ系に二分する。南アラブ系の系譜をもつと伝承がみなしている人びとは、南アラビアだけでなく、北アラビアやシリア砂漠▲にも多数いる。ある時期から、南アラビアの人びとは、北方へと移住していった

▼シリア砂漠　シリア共和国とヨルダンの西部からイラクの東部に広がる砂漠地帯。ムハンマドの時代では、アラビアの一部とみなされていて、その住民もアラブとみなされていた。

マーリブ、ダムの遺跡

に違いない。しかし移住は、南アラビアの国家がその支配領域を北方に拡大した結果ではなかった。

伝承は、南アラビアにあった巨大なダムが崩壊した結果として、移住が始まったと伝える。マーリブというオアシスに、今日でもダムの遺跡が残されている。ダムは、崩壊しては修復され、また崩壊しと、何回か繰り返し崩壊があったようである。この一つのダムに限らず、灌漑・水利の施設は、一千年という時間のあいだで、何回も破壊され、また修復されたに違いない。灌漑に頼る農業は、長期的に見れば、かならずしも安定した産業なのではない。南アラビアからの人びとの北方への移住は、南アラビアのなかの一地域で経済的混乱が起こるたびに、繰り返しあったと考えてよさそうである。そして、北方に移住した人びとは、北アラビア語を受容していった。

北アラビアの住民は、紀元前一千年紀には、ラクダを家畜化し、それを乗用や戦闘用に用いる技術を開発していた。紀元前後のころから、彼らの戦闘能力は著しく高まったと思われる。そのころから、南アラビア語の碑文にしばしばアラブ(この場合は北アラビアの遊牧民を意味する)という言葉があらわれる。南アラビアにも北アラビア系の人びとが進出していったのである。ムハンマドの時代にいたると、南アラビアの住民の言語も、かなり北アラビア語化していた。

南アラビアのエチオピア人とペルシア人

アラビア半島の紅海をはさんで対岸はアフリカである。今日のエチオピアやエリトリアなどの地に、紀元前後の時代からアクスム王国▲という国家が成立し、南アラビア(イエメン)に影響を与えていた。イエメンの王国の王は、ときにはアクスム王に臣従したと思われる。紀元後の四世紀ごろから、アクスム王国はキリスト教を受容した。そしてイエメンにもキリスト教が広まっていった。それより以前のことか以後のことか不明だが、イエメンにはユダヤ教も広まっていった。六世紀のあるとき、イエメンのヒムヤル王国▲の王はユダヤ教徒となり、アクスム王からの自立をはかった。ヒムヤル王は、イエメンのキリスト教徒はアクスム王の味方ではないかと疑い、彼らを迫害した。その事態を憂えたアクスム王はイエメンに大軍を送り、ヒムヤル王を殺し、イエメンを軍事占領下においた。

▼**アクスム王国**　紀元前後のころに成立した王国。ムハンマドの時代の国王はキリスト教徒で、迫害を逃れてメッカから移住してきたイスラーム教徒を保護した。

▼**ヒムヤル王国**　紀元前二世紀ごろに成立した王国。イエメンの高原地帯を根拠地とし、一時期は南アラビア全域を支配した。

イエメンに駐屯したアクスム軍（エチオピア人の軍）は、北アラビアにまで軍を派遣するにいたった。イエメンのエチオピア軍の軍事遠征は、碑文によれば何回かあったのだが、そのうちの一回がメッカをおそったのであろう（ただし碑文では確認できない）。その軍は一頭の象をつれていた。『コーラン』の「象の章（二九頁参照）」で言及されている事件である。事件は、ムハンマドが生まれた五七〇年ごろのできごととされている。しかし、エチオピア軍はメッカ征服にはいたらず、また北アラビアを安定的に支配することはなかった。

エチオピア軍の軍政に不満をいだいた旧ヒムヤル王国の有力者たちは、ペルシア皇帝▲に支援を求めた。皇帝は、海路、一軍を派遣して、土着の勢力の協力をえて、イエメンからエチオピア軍を追放した。イエメンは、数百人より成るペルシア軍の支配下にはいったが、その支配力は弱く、現地の勢力が割拠する状態となった。ムハンマドがメッカで神への信仰を説きはじめた時点では、イエメンのペルシア軍は世代が交替し、ペルシア軍の将軍（ペルシア皇帝の代官）の権勢は著しく衰えていたようである。ムハンマドの時代に、イエメンには国家らしい国家はなかった。

▼**ペルシア皇帝**　二二四年から六五一年まで、イラクとイランを中心にしていたササン朝ペルシア帝国の君主。

キンダ王国

南アラビアで、イエメンの東にあたる地域をハドラマウトといい、この地の住民をキンダ族という。キンダ族のなかからフジルという名の一人の英雄があらわれ、アラビア半島の中央部に進出して大きな勢力を誇ったことがあった。五世紀中葉のことである。彼のつくった政治組織をキンダ王国と呼ぶ。王国は彼一代でいったん滅んだが、彼の孫のハーリスが六世紀初頭に王国を再興する。ハーリスの勢力は、アラビア半島の中央部から北部、そしてシリア砂漠にまでおよんだが、彼の組織も一代で消滅する。王国といっても、常備軍や官僚組織を備えた政治組織ではなく、優れた軍事指導者のもとに、もろもろの野心家が集まっただけの組織なのであろう。ムハンマドの時代には、キンダ族の王族と称する人物はいたが、アラビアの遊牧民を広範に組織するキンダ族の英雄はいなかった。

ローマ帝国とペルシア帝国

アラビアは、今日中東と呼ばれる地域の一角にある。ムハンマドの時代の中東での二大勢力は、ローマ帝国(ビザンツ帝国)とペルシア帝国(ササン朝)であった。前者は、中東のアナトリア、シリア、エジプトとともに、バルカン半島も支配していた。後者は、中東のイラクとイラン、そして中央アジアを支配していた。この両帝国は、アラビアに無関心であったわけではない。

アラビアは、広漠とした地に人間がまばらに居住している地である。この地を帝国が備えている常備軍と官僚組織をもって統治するのは至難の業である。ペルシア帝国が軍を送ってイエメンを支配したことはすでに述べたが、帝国のイエメン支配はかたちだけのものであった。イエメン各地の現地勢力は、ペルシア軍の将軍に忠誠を誓ったであろうが、なかば自立していた。アラビア半島のペルシア湾岸や今日のオマーンには大きなオアシスが点在し、そこには人間が、かぎられた数(最大のオアシスで数万人)ではあるが、稠密に居住していた。それらのオアシスやその周辺地域で権威をもちたいと思う実力者は、ペルシア皇帝のもとに赴いて、それぞれの地の総督(代官)などの称号をえていた。形式

▼ローマ帝国　この時代のローマ帝国は、一般には東ローマ帝国とも、ビザンツ帝国(三三〇〜一四五三)とも呼ばれている。しかし、同時代の人びとは、自他ともに「ローマ帝国」そのものと認識していた。それゆえ本書では、この帝国をローマ帝国と表記する。

▼シリア　現在のシリア共和国の領域ではなく、地中海の東岸一帯を指す呼称である。今日のトルコの東南部、シリア共和国、レバノン、イスラエルとパレスチナ、ヨルダンの都市と農村部がそれに該当する。シリアとヨルダンの砂漠は、アラビアの一部とされていた。

だけから見れば、アラビアのペルシア湾岸はペルシア帝国の一部ではあったのだが、帝国の実質的な支配はそこにおよんではいなかったと考えてよい。

ローマ帝国は、ペルシア帝国と競いながら、アラビア半島やシリア砂漠のアラブを支配しようと努力していた。しかし、ムハンマドが神の使徒（六八頁参照）と自覚して宗教活動を始めたとき（六一〇年ごろ）からしばらくして、ローマ帝国はペルシア帝国との戦いを始め、敗れて、シリアの支配そのものをあきらめてしまった。シリアとエジプトは、ペルシア帝国領となり、ローマ帝国はアラビアへの影響力を失った。ムハンマドの晩年、両帝国の争いは逆転し、ローマ帝国はシリアとエジプトを回復した。しかし、帝国がアラビアへの進出をもくろんだ気配はない。

両帝国の衛星国家

ペルシア皇帝とは、何人もの王を従える存在であった。ユーフラテス川の西岸で、シリア砂漠のはずれにあたる地に、ヒーラという町があった。そこに、アラブ人の王がいた。ヒーラの王▲は、三世紀のペルシア帝国の成立以来、代々

▼ヒーラの王　代々の王はラフム族の出身であるため、この王朝をラフム朝という。王はアラブの詩人たちの保護者でもあった。

▼ガッサーン族の王　その王が君主である王国をガッサーン朝という。ラフム朝の王と同様に、アラブの詩人たちの保護者であった。

の皇帝の有力な臣下の一人であった。王は、実力しだいで、シリア砂漠やアラビアの遊牧民を広く組織するときも、あるいはほとんど組織できないときもあった。ムハンマドが生まれた時点では、ヒーラの王は、かなりの実力者であったと思われる。しかし、ムハンマドが信仰を説きはじめた六一〇年ころを遡ること数年前に、ペルシア皇帝はヒーラの王を追放し、王国を滅ぼしてしまった。したがってムハンマドがアラビアの指導者としてのしあがっていく六二〇年代の後半から六三〇年代の初頭には、ヒーラの王は存在していなかった。

ローマ帝国も、シリア砂漠のアラブを組織するためにガッサーン族の王▲を利用していた。ガッサーン族は、今日イスラエルが軍事占領下においているゴラン高原を根拠地とする商人集団であった。彼らのうちの有力者を、帝国はときに王としてあつかい、ヒーラの王に対抗する勢力をもたせたのである。しかし、ムハンマドが預言者として活躍したのは、ローマ帝国がペルシア帝国に敗れてシリアを失い、ガッサーン族の王も不在であった時期にあたる。

アラビアの歴史のなかに、王国や王という存在がなかったわけではないが、ムハンマドの時代は、アラビアに国家らしき組織はなにもなかったのである。

②—系譜意識と部族

部族イメージは正しいか

ムハンマドの時代のアラブ社会は、一般に部族社会▲とみなされている。以下は、遊牧民の部族イメージを代表する言説である。

移動のときがきた。男たちは四方に散っていたラクダやヤギ・ヒツジを集め、女たちはテントをたたみ、わずかな家財道具をラクダの背に載せた。族長がおごそかに出立の合図を送る。数千の部族員は数万の家畜をともなって整然と行進しはじめた。偵察のために先駆けていた若者たちの一人が血まみれになってもどってくる。めざす牧草地にはすでに他部族が放牧していて、偵察隊はこの部族の民と遭遇して戦い、大部分は殺されたという。「血は血であがなう」▲のが、アラビアの遊牧民の掟である。族長はただちに戦闘準備を命じた。部族民には部族を離れて勝手に行動する自由はない。敵を倒して同胞の復讐をはたし、他部族を排して牧草地を確保する以外の道はない。すべての部族員は族長の命に応じていさんだ。牧草地の確保と

▼**部族社会**　国家がない時代・地域で、人びとが血縁にもとづく部族を中心にしてまとまりをもって生きている社会。

▼**「血は血であがなう」**　ある人が殺されたら、被害者の親族が加害者本人やその親族を殺す同害同復が原則のこと。実際には、復讐される命を金品であがなうことも多かった。

血の復讐のために、両部族は激突した。

アラビアの砂漠は、人にも家畜にも過酷である。わずかな牧草をめぐって、人も家畜も争う。人は、おのが生活を維持し他者と争うために、部族を形成する。部族こそ人の生存のための唯一の組織であり、部族から離れた人は荒野をさまよい野垂れ死にする。そして部族間の争いが、歴史上無数に繰り返されてきた。一般にこのようにアラビアの砂漠の民の部族は理解されてきた。

しかし、どうも事実は違うようである。部族とは、十数世代も前の父祖を共通の祖とする父系の系譜集団のことである。数十年前までは、アラビアやその周辺で遊牧生活を送る民がそれなりの数でいた。遊牧民はみな、父系の系譜を意識し、なんらかの部族の一員であると自覚していた。しかし、数千、数万の部族員が族長の統率のもとで整然と遊牧生活を送る部族はない。日常生活をともにしているのは数十から数百人規模の集団(つまり想定されている部族の一部)である場合が多い。そして、男たちがラクダを飼養するために遠距離を移動しながら遊牧しても、女たちや老人は泉や井戸のかたわらでヤギやヒツジを放牧する生活を送っている集団であったり、また共通の父祖をもたない者がさまざまなかたちでいりまじっている集団であったりする。

では、国家のないアラビアで、また部族というまとまりもかならずしも定かでないアラビアで、人びとはどのように生きていたのだろうか。以下は、伝承が伝える史実にもとづきながら、筆者が創作した物語である。

マスアダという男の物語

ムハンマドの時代のアラビアに一人の男がいた。名をマスアダという。彼はバドル族という集団の一員である。バドルとはマスアダの四世代前の祖先の名である。バドルの六世代前の祖先、すなわちマスアダの一〇世代前の祖はファザーラという名で、その子孫をファザーラ族▲という。ファザーラのさらに四世代前の祖をガタファーンといい、彼の子孫の総称がガタファーン族▲である。マスアダは、ガタファーン族という部族のなかのファザーラ支族のなかの、バドル氏族の一員ということになる。ユダヤ教徒の集落が点在する長大な谷であるワーディー・アル・クラー（村々の谷）という地のなかの一地点に、彼の生活の場があった。その谷はムハンマドが根拠地としていたメディナの北方にある。

▼**ファザーラ族**　ガタファーン族を構成する有力支族の一つ。

▼**ガタファーン族**　メディナの北方に根拠地をもつ部族。構成員の大多数は遊牧民であった。後述する塹壕の戦いのさい、反ムハンマド軍の主力であった。

マスアダは、ワーディー・アル・クラーにある井戸の一つのかたわらにテントを張っていた。井戸は彼の祖父が掘りあてたものである。その祖父の子孫、すなわちマスアダの兄弟や従兄弟、そしてその子らにはみな等しく、その井戸の水を利用する権利がある。マスアダも当然のこととしてその井戸の水を彼の家畜に飲ませ、自らも飲んでいた。井戸のまわりの別のテントには、マスアダの祖母ウンム・キルファが高齢ながらも一族の中心としてがんばっていた。彼女は「どんなに強くともウンム・キルファはこえられない」ということわざで言及されていた有名人であり、彼女のテントには、彼女の近親者の騎士五〇人分の剣がつるされていたという。むろん、マスアダもその騎士の一人であった。

マスアダの従兄弟の一人は、ユダヤ教徒が住む近隣のオアシスに移り住み、そこで商売をしている。あるとき、その従兄弟から許可をえたといって、みしらぬ遊牧民が井戸にやってきて、家畜に水を飲ませた。その従兄弟にも井戸の水の権利があるのだから仕方がない。その遊牧民は、同じガタファーン族ではあるが、ファザーラ族とは異なる系譜をもつサアラバ族▲の男であった。ファザーラ族とサアラバ族は、ワーディー・アル・クラーやその周辺という同じ地域

▼**サアラバ族**　ガタファーン族を構成する有力支族の一つ。構成員の多数は、ファザーラ族の遊牧民とほぼ同じ地域で暮す遊牧民。

でいりまじって生活しているのである。マスアダにとってけしからぬことに、サアラバ族のこの男はそのまま井戸の近辺にいついてしまい、あろうことか、マスアダの娘を誘って息子を産ませてしまったのである。自分の孫は、父系の系譜ではサアラバ族の一員ということになる。そんなことはしばしばあるので、仕方のないことであった。マスアダじしんも、若いときにラクダの放牧のために遠く北方のタミーム族▲の土地まででかけ、しばらくそこで生活してタミーム族の娘に子どもを産ませたこともあった。その息子は成長したいまでもタミーム族の人びとにまじって生活しているが、ときどきこの井戸を訪れて自分のラクダに水を飲ませている。一方、マスアダの姉は、メディナの南方からこの井戸を訪れたスライム族▲の男とのあいだに子を産んでいる。スライム族の男はとっくにこの井戸を去ったが、系譜ではスライム族の者であるその子は成長して一人前の男になり、母親から離れず井戸のまわりを根拠地にして家畜を飼養している。そしてしばしば、スライム族の勇敢さを詩にして吟じ、ファザーラ族、ひいてはガタファーン族の騎士をもって任じているマスアダをいらつかせている。

▼**タミーム族**　アラビア半島北部の広範な地域に、各支族が散在する部族。

▼**スライム族**　メッカとメディナの中間地帯を主たる居住区とする部族。遊牧民と小オアシスの農民より成る。

ラクダとアラブ人

▼**遺産相続**　この時代のアラブ社会では、部族や氏族といった集団の財産はなく、個人の財産権が確立していた。遺産は、妻、息子、娘などが分割相続した。

マスアダは、子どものころはこの井戸の近辺でヤギやヒツジの番をしていた。一人前の若者になると父からラクダを預かり、遠距離を移動しながらの遊牧生活を送るようになった。ヤギやヒツジは毎日のように泉や井戸の水を飲ませなければならない家畜で、水場の近くで飼うのがふさわしい。また女・子どもでも制御できる小型の家畜である。一方ラクダは、巨大かつ凶暴で、成人した男が飼養するのが一般的である。ラクダはまた、数日間は水なしで生きていけるので、牧草を求めて遠距離を移動する遊牧のかたちで飼養するにふさわしい。若者となったマスアダも、アラビアの遊牧民一般の風習に倣ったのである。父が死んだとき、マスアダは遺産として相続▲したラクダを売って、それを元手に商売を始めた。ワーディー・アル・クラーは隊商路でもあった。遠くメッカの隊商や、メディナの隊商、そして近隣のユダヤ教徒の隊商などがここを通ってイラクやシリアに向かい、またもどる。マスアダはそれらの隊商の護衛役の職をえていた。勇猛のうわさの高いファザーラ族の護衛がつけば、隊商は野盗におそわれることはなかった。マスアダは自らの小資本でえた商品も隊商とともに運んで、イラクやシリアで取引もして、資本をふやしていった。資本はもっ

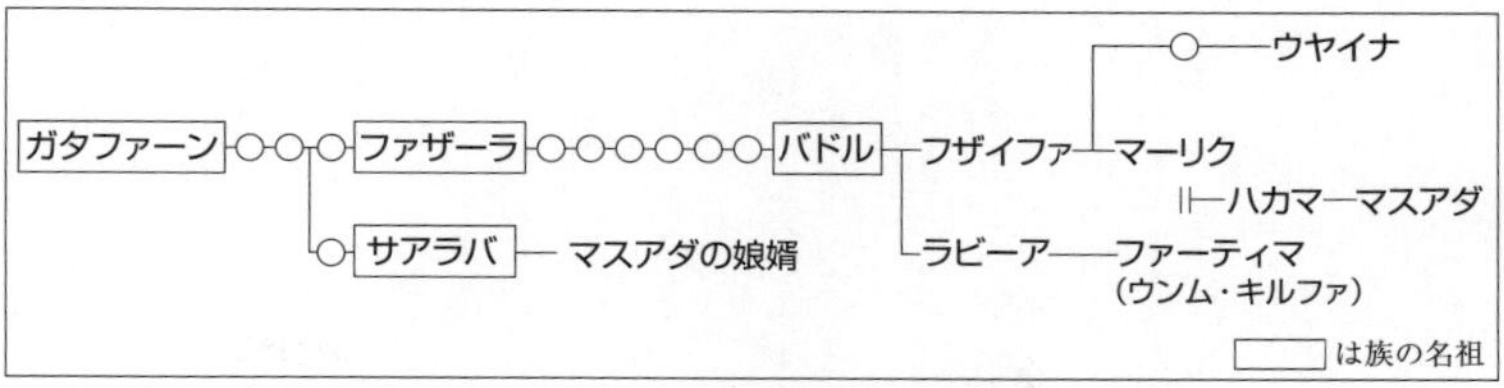

マスアダの系図

ぱら家畜に投資した。家畜は、井戸のまわりに根拠をおく仲間に預ければよかった。アラビアの遊牧民とは、かならずしも家畜の飼養に従事する人ではなく、家畜所有者でありまた商人でもあったのである。

　ファザーラ族の人で、マスアダの遠縁にあたるウヤイナという男がいた。マスアダはときに、ウヤイナの呼びかけに応じて、隊商を襲撃し、商品を奪うという楽しみをもった。隊商の護衛が一転して、略奪者に変わるのも当時のアラブの慣わしであったのである。うわさによると、メッカは衰えが激しいという。この町に生まれたムハンマドという人物が、神の使徒と称して、神への信仰を説いていたという。そのムハンマドは、メッカを追われてメディナに逃れ、そこを根拠にメッカの隊商をおそいまくっている。そのため、メッカの民は隊商貿易を組織しにくくなっていた。メッカの隊商の護衛を務めるべきか、メッカの隊商をおそうべきかの判断が難しい。そんなおり、ウヤイナがメディナをおそう軍勢への参加を求めてきた。メッカの人びとや、ムハンマドにメディナを追われたユダヤ教徒の集団が軍勢を集めてメディナをおそい、ムハンマドを打倒する計画があるらしい。ウヤイナは、ファザーラ族の人びとを率いて、その軍に参加するつもりのようだ。どうみても損な取引ではなさそうだ。マスアダも、テントのまわりの仲間を説き伏せ、何人かとともに、ラクダに乗り、剣をおび、槍をかついでメディナ攻撃軍に参加した。しかし、攻撃軍の前面に塹壕▲を掘って抵抗したメディナは陥落しない。なんの戦利品もなく、攻撃軍は解散してしまった。しばらくしてマスアダはふたたびウヤイナの呼びかけに応じて、メディナの郊外に略奪にでかけ、放牧されていたムハンマドとその仲間のラクダ数頭を奪ったが、追撃されて命からがら逃げ帰った。

その数年後、ムハンマドの養子▲であったザイド▲が率いる隊商が井戸の近くを通った。マスアダは井戸の仲間を扇動してその隊商をおそい、何人かを殺し、商品をすべて奪った。鼻たかだかである。しかし、しばらくしてザイドが井戸まで逆襲してきた。老女ウンム・キルファをはじめとする井戸の仲間の多くは殺され、女・子どもと家畜はすべて奪われてしまった。

全財産を失い、妻や娘も捕虜とされてメディナにつれ去られたマスアダに、ウヤイナがまた呼びかけてきた。今度は、ムハンマドの軍勢に参加してメッカを攻めようというのである。マスアダはそれに応じた。昨日の敵は今日の味方

▼塹壕　六二七年、メッカの住民とガタファーン族を中心とする軍勢が、ムハンマドの根拠地となっていたメディナを包囲・攻撃したさい、ムハンマド側が塹壕を掘って防衛した戦いがあった。これを「塹壕の戦い」という。

▼養子　ムハンマドの晩年に養子という制度が否定されたが、それ以前は存在した。

▼ザイド　ムハンマドの最初の妻ハディージャの奴隷であったが、ムハンマドとの結婚にさいして解放され、ムハンマド夫妻の養子となった人物。六二九年に戦死。

なのである。ムハンマドの軍はメッカをなんなく征服▲し、その直後にメッカの南方にいたハワーズィン族▲などの連合軍を撃破した。マスアダも、その戦闘でそれなりの活躍をした。ムハンマドの軍が連合軍からえた戦利品は膨大であった。ウヤイナはラクダ一〇〇頭分という特別の分配▲を受け、マスアダはメディナにとらえられていた妻と娘を返してもらう約束をえた。この直後、イスラームに改宗したウヤイナは、ムハンマドに派遣されて、いまだ改宗していないタミーム族のある集団をおそうことにした。襲撃隊の道案内役を務めたのはマスアダである。このときの戦利品でふたたび財産をえたマスアダは、メディナに移住し、ムスリム(イスラーム教徒)としてその生涯を閉じた。

アラブ人の名前のつけかた

マスアダの物語にそくして、この時代のアラブ社会について解説しておこう。まずは名前である。アラブに姓▲という考えはない。本人個人の名▲のあとに父親の名をつけ、さらにそのあとに祖父の名、そのあとに曾祖父の名と続けていく。いくつかの断片的な伝承にマスアダは、マスアダ・ブン・ハカマ・ブン・マー

▼メッカ征服　六三〇年に、ムハンマド率いる軍勢が、少数者による武力抵抗を排してメッカを征服した。

▼ハワーズィン族　さまざまな集団の集合体。メッカ征服直後の、ムハンマド軍とハワーズィン族との戦いを「フナインの戦い」という。

▼特別の分配　ムハンマドは、戦利品を戦闘参加者に平等に分配することを原則としていたが、「フナインの戦い」だけは例外で、一般の参加者にはラクダ四頭分の分配をしたが、有力者には特別の分配をした。

▼姓　一つの家族が同一の姓をもつ社会は、そう多くはない。日本は例外であるが、漢字文化圏では姓はあっても、夫婦は別姓が原則である。

▼個人の名　生まれたときに親や親類縁者から与えられた名を、アラビア語ではイスムという。

リク・ブン・フザイファ・ブン・バドルとして登場している。ブンとは息子の意味で、マスアダのつぎのハカマは父の名で、以下祖父、曾祖父、さらにその父と四世代の名前が列挙してある。ウンム・キルファの本名はファーティマ・ビント・ラビーア・ブン・バドルと記されている。ファーティマが彼女の名で、ビントとは娘の意である。彼女は、バドルの息子ラビーアの娘ファーティマという意味の言葉を名としていることになる。女の場合も、本人の名に続く父系の系譜が個人の名となるのである。なお、ウンム・キルファとはキルファの母という意味の言葉で、彼女の愛称▲である。

マスアダの四世代前の祖バドルは、物語で紹介したバドル族の名祖である。伝承の読者がアラブの系譜にかんする知識を広範にもっているなら、バドルというマスアダの四世代前の祖から、バドルの六世代前の祖ファザーラ(ファザーラ族の名祖)までの系譜は知っている。そしてファザーラからその四世代前のガタファーン(ガタファーン族の名祖)、さらに彼から全人類の祖であるアダムにいたる系譜はよく知られている。われわれはマスアダの名から、彼のアダムにいたる系譜を再現できるのである。

▼**愛称**　父親の場合、息子の名をとってアブー・某(某の父)と呼ぶ。アブー・某、ウンム・某のほかにあだ名のような愛称もある。

ウンム・キルファはバドルの孫娘であり、父方の従兄弟マーリクと結婚したことをある伝承は伝えている。そしてマーリクとはマスアダの祖父であることもまた明らかである。物語でのマスアダは彼女の孫ということになっているが、おそらくそれは伝承が伝える史実であろう。なお、彼女のテントに五〇人の騎士の剣があったことは、まったく別な伝承が伝えている。

「族」とは

物語で述べたように、ムハンマドの養子ザイドは、マスアダらにおそわれて、のちに逆襲している。この事件を伝える伝承は、復讐のためにザイドはファザーラ族に遠征した、とする。族と訳したアラビア語はバヌーという。息子の複数形で、ファザーラ族とはファザーラの息子たち(すなわち子孫)という言葉の訳語である。ほかに、バドル族などの族という言葉もバヌーの訳語である。ムハンマドの時代を伝える伝承にバヌー・某という集団が頻繁にでてくる。バヌー・某を部族と理解して、この時代を部族社会であるとする理解が生まれている。しかし、上記の伝承を素直に読めば、ザイドはファザーラ族という大集団を相手に戦ったわけではないことは明らかである。物語に登場するウヤイナという人物の行動は、マスアダを誘ったという点を除けば、筆者が拾い集めたさまざまな断片的な伝承に根拠をもち、おおむね史実である。メディナ攻撃のさい、ウヤイナが率いたファザーラ族の軍勢は一千人であったという。一千人という数それじたいはあてにならないが、ファザーラ族とは成年男子の構成員が一千人規模であっても不思議ではない集団と想定される。ザイドの遠征は、そのような規模のファザーラ族全体を相手にしたわけではなく、系譜のうえでファザーラ族に属する人びとで、そのなかのバドル族の人びとの一部を相手に戦った遠征であったと、容易に想像できる。ファザーラ族やバドル族という言葉は、部族とか氏族という集団を紹介するために使われているのではなく、登場人物の系譜(すなわち名前)を示すために使われているのである。

系譜意識と集団

ムハンマドに関連する多くの伝承を今日に伝えたイブン・イスハーク▲は、七六〇年ごろに『預言者伝▲』を完成させている。彼がさまざまな伝承を集め、整

▼**イブン・イスハーク**(?〜七六七)　主としてメディナでムハンマドにかんする伝承を集め整理した歴史家。

▼**『預言者伝』**　イブン・イスハークがまとめたムハンマドとその祖先の伝記。最古のムハンマド伝とされ、現在でも多くのムスリムによって読まれている。

理したのは七二〇年ごろからであろう。ムハンマドの死の九〇年ほどあとのことである。イブン・イスハークの時代に、ムハンマド個人やその周辺の人びとにかんする伝承は整理され、文字化され、記録されるようになっていた。それまでは、伝承はもっぱら口頭で伝えられていた。ムハンマドの時代から三、四世代あとの人びとが伝承を集め、整理したわけだが、その目的は多様であった。イスラームの信仰箇条や儀礼をたしかなものにするためにムハンマドの言行を忠実に記録する、判断の基準としてムハンマドの時代の先例を知る、個々の人の祖先の活躍を知って誇る、などが目的である。口伝の伝承の一つ一つは断片的である。ムハンマドとなんらかのかたち(ムハンマドが派遣した遠征隊におそわれたというかたちも含めて)で接触があった人物の名も断片的であったに違いない。伝承の整理者は、このような人物の系譜を探し出す努力をした。

アラビアの住民であったアラブは、ムハンマドの死後、彼の後継者(カリフ)▲の指導下で、西アジアから北アフリカにわたる地域を征服した。征服地の各地に軍事基地都市を設けてそこに集住したアラブは、自らを被征服者と区別する指標としてアラブであることを強調した。アラブとは、アラブとしてのきちん

▼カリフ　ムハンマドの後継者を指す。歴史上のイスラーム世界の最高指導者を指す呼称となった。

とした系譜をもつことにほかならない。ムハンマドから三、四世代が交替すると、アラブは征服者としての特権▲を失っていったが、アラブであること、すなわちアラブとしての系譜をきちんともっていることを誇る人物はいたる所にいた。それゆえ、遡ってムハンマドの時代の人物の系譜を探る作業は、それほど困難なものではなかったと考えてよい。ムハンマドの時代の人物二〇〇〇人ほどの名が、すなわち系譜が、整理された伝承として今日まで残されることになった。

伝承に残されたムハンマドの時代の人物は、マスアダのようにアダムにいたる系譜を再現できる（もちろんその系譜が真実であることを意味してはいないが）人物もいれば、ガタファーン族の人という程度の情報しかない人物もいる。そのなかで、数百人ほどは、父系の系譜だけではなく、母親の父系の系譜、母親の母親の系譜、子どもたちの名とその母親（すなわち当人の妻たち）の系譜などの情報が残されている。そのような人物の場合、妻は複数いる例が多い。いっときに複数いなくても、生涯をとおして見れば複数いた場合もあろう。女たちの伝記も残されているが、女も生涯をとおして見れば複数の夫をもつ例が少な

▼**征服者としての特権**　広大な地域の征服者になったアラブは、戦士として登録され、年金などを受け取り、納税の義務を課せられないなどの特権をもった。

くない。このように両親やつれ合いの系譜を含む伝承に残された婚姻関係を見ると、系譜を異にする男女の結婚(つまり違う部族の男女の結婚)がまれではないことに気づく。そして、その男女のあいだに生まれた子どもは、かならずしも父の系譜集団のなかで育つとは限らない。母親が属する系譜集団の指導者になったりする例が散見する。物語で、マスアダが利用していた井戸を拠点に、他部族の、しかし母親か妻がマスアダの近親者である二人の男を登場させたが、それにはこのような根拠がある。

ムハンマドの時代のアラブは、系譜意識は強くもっていたと想像される。系譜は、それにもとづく人間集団を形成する。いわゆる部族や氏族であるが、それを排他的な集団ととらえてはならない。日常生活をともにするような集団は、伝承ではそれは多くの場合、何某族と呼ばれるのだが、構成員は流動的で、父系の系譜を共有していない(しかし婚姻関係や母系をつうじて血縁関係はある)人物を受け入れている集団と想像できるのである。筆者の創作である上記の物語は、以上のような理解にもとづいている。

③―メッカ社会

『コーラン』クライシュ（第一〇六）章

以下は、『コーラン』クライシュ（第一〇六）章▲の全文の訳である。

クライシュのイーラーフ▲のために、彼らの冬の旅と夏の旅のイーラーフのために。彼らをこの館（カアバ）の主（神）に仕えさせよ。飢えた彼らに食物を与えた御方に、恐怖を除いて彼らを安心させた御方に。

伝承とならんで、ムハンマドの時代を知るための歴史史料に『コーラン』の文言がある。ムスリムの信仰では『コーラン』の文言は神の言葉そのものであるが、その当否はここでは問わない。ともあれ『コーラン』の文言は、ムハンマドの口からでた言葉が、後世の人の手によって大幅に修正されることなく、かなり忠実に現在に伝えられたと考えてよい。それゆえ『コーラン』の文言を、ムハンマドの時代の同時代史料とみなすことができる。クライシュとはムハンマドの時代のメッカの住民のことである。この章の文言の解釈は難しい。一つの解釈は、この章は、この章の直前にある「象（第一〇五）章」の続きであると

▼『コーランの章』　現在、印刷されて流布している『コーラン』は一一四章に分かれていて、それぞれの章に章名がついている。章の区分けや章名が確定したのはのちのことで、本書が紹介している伝承が整理された時代は、それらは未確定であった。

▼イーラーフ　正確な意味は不明な言葉。諸説あるが、本書では「隊商貿易の安全を確保するための契約」とする説をとっている。

▼**象の年**　年をあらわすために重大事件を象徴としてもちいることはよくあることである。メッカの住民にとって象をつれた軍隊の来襲は大事件であった。

する。ここでは、その解釈に従っておこう。その章の全文は以下である。

お前は見なかったか、主(神)が象の軍勢をどうしたか。彼らの企みを無にしなかったか。彼(神)は彼らの上に鳥の大群を遣わして、焼き土の石を投げつけ、食い荒らされた麦の葉のようにした。

ムハンマドは、象の年▲に生まれたとされる。前述のように、その年に、イエメンを支配していたエチオピア人の将軍が、象をつれた軍隊を引きつれてメッカに侵攻してきた、という。その軍勢を神が鳥の大群を遣わして、食い荒らされた麦の葉のようにして、撃退したというのである。なんのために象の軍を撃退したかと問えば、第一〇六章で「クライシュのイーラーフのために、彼らの冬の旅と夏の旅のイーラーフのために」であると説明する。このような神の恩寵を受けたクライシュは、館の主(神)に仕えなければならないのである。

メッカとクライシュについて言及している上記の『コーラン』の文言を参照しながら、ムハンマドの時代のメッカ社会について考えてみよう。

クライシュという人間集団の成立

ムハンマドの時代のメッカの住民を総称して、伝承はクライシュと呼んで、バヌー（子孫）・クライシュ、すなわちクライシュ族とは表記しない。多くの場合、伝承は人間集団を指すときはバヌー・某、すなわち何某族というが、例外はある。クライシュの場合は、例外の一つである。

ムハンマドから三、四世代のちの伝承学者たちは、クライシュという名の由来▲についてさまざまに伝えている。いうならば、定説はなかった。そのことはおそらく、ムハンマドの時代でも、クライシュとは何者か、あるいはなんなのかについての定説がなかったことを意味していよう。メッカの住民は、自称でも他称でもクライシュと呼ばれていたに違いないが、その名の由来は不明であったのである。

メッカには、さきの『コーラン』の文言では館が、すなわちカアバと呼ばれる神殿▲があった。あるとき、館の管理者が死んだ。その娘婿であった（死んだ管理者とは異なる系譜集団に属していた）ムハンマドの五世代前の祖クサイイが強引に館の管理権を奪い、メッカに、自分の父系の血縁者（彼らはそれまではば

▼クライシュという名の由来　一般には、ムハンマドの一一世代前の祖フィフルのあだ名で、彼の子孫がクライシュ族であると説明されている。しかし、ムハンマドの一三世代前の祖ナドルの子孫とする伝承も多数あり、人名ではないとする伝承もある。

▼カアバ神殿　アダムが建立し、ノアの時代の大洪水で破壊され、ムハンマドの三〇世代前の祖アブラハムが再建した神殿とされている。ムハンマドの時代では、人の背丈ほどの高さの方形の石づくりの建物であった。四二頁参照。

●ムハンマドと正統カリフの系図

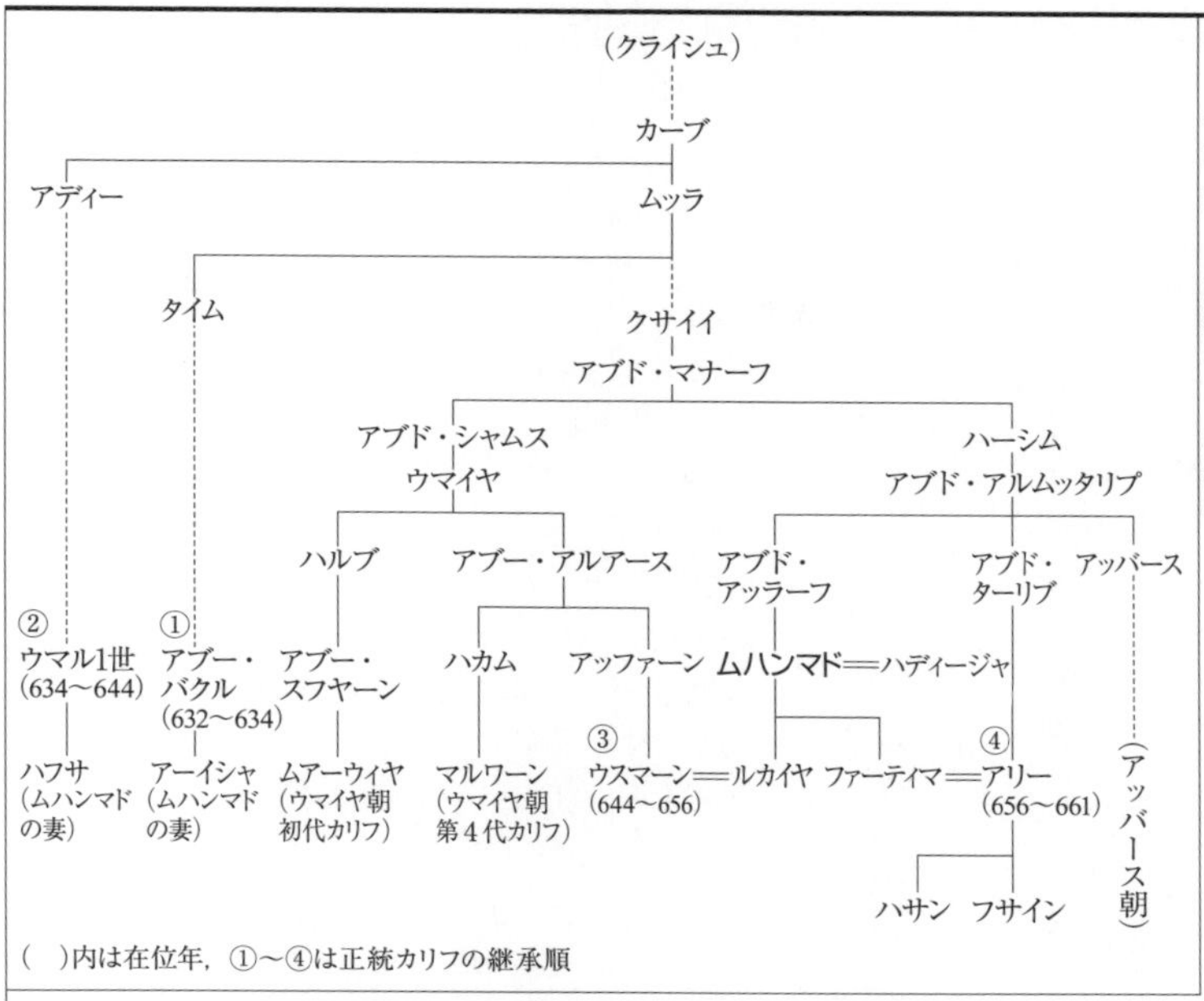

（　）内は在位年，①〜④は正統カリフの継承順

●現代のカアバ神殿（中央の黒布でおおわれた建物）

らばらに生活していた)を呼び集めた。それがメッカにおけるクライシュの歴史の始まりである。以上のことを伝える伝承は各種あるが、これとまったく異なることを伝える伝承はない。それゆえクサイイの時代からクライシュと呼ばれる人間集団の歴史が始まることが今日では定説になっている。クサイイがメッカに呼び集めたという彼の近親者とは、どの範囲の人びとなのかは不明である。それゆえ、クライシュは、ムハンマドの一三世代前の祖ナドルの子孫のことなのか、あるいは一一世代前の祖フィフルの子孫なのかなど、クライシュの名の由来をめぐって諸説あることになる。ともあれ、コーランの文言にあるように、ムハンマドが生まれた時点では、クライシュがメッカの住民であった。

ムハンマドの系譜とクライシュの内部集団

一般にムハンマドは、クライシュ族のなかのハーシム家▲の人とされる。ハーシム家、すなわちバヌー・ハーシムという言葉は伝承のなかに頻繁に見られる。ハーシムとはムハンマドの曾祖父(三世代前の祖)である。その子孫が一つの系譜集団であったことを否定する必要はないが、拡大家族ないしは氏族のような

▼**ハーシム家**　クライシュを構成する系譜集団(バヌー・某)は、一般に何某家と表現されている。本書でもその例に倣った。

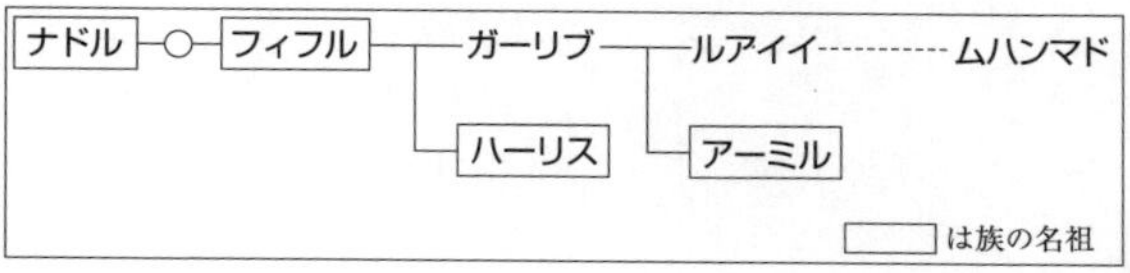

クライシュの系図

集団ではなかった。それは、伝承学者が整理したクライシュの系譜のあつかいかた(すなわち名前のつけかた)の一段階なのである。

　伝承学者は、伝承に登場させる個人の系譜上の位置づけにこだわる。系譜は、ムハンマドを中軸に整理された。ムハンマドの一一世代前の祖がフィフルである。ムハンマドからフィフルまでの系譜を、伝承の読み手はそらんじていることが整理された伝承の前提となっている。フィフルに子が二人いた。ガーリブとハーリスという。ガーリブはムハンマドの祖先である。その兄弟ハーリスはムハンマドの直系の祖先ではない人物ということになる。ムハンマドの時代のクライシュの人でハーリスの子孫は、バヌー・ハーリス(ハーリス家の人)と記しておけば(そして必要ならばハーリスにいたるまでの系譜を示す)、ムハンマドとの系譜関係は明らかとなる。一方、ムハンマドの祖であるガーリブの場合、その子孫をガーリブ家の人と記したのでは、ムハンマドじしんもガーリブ家の人なのだから、ムハンマドとの系譜関係はなにも分からない。したがって伝承はガーリブ家という表現は使わずに、もっと下位の系譜集団の名をあげることになる。そのつぎの世代でも同じことがいえる。ガーリブにも二人の息子がいた。ルアイイとアーミルである。ルアイイがムハンマドの祖であるから伝承はルアイイ家とはいわないが、アーミル家とはいう。このように世代ごとに、ムハンマドとは異なる系譜集団の名が伝承に登場することになる。

ムハンマドの系譜に連なる祖先の場合も例外はある。例えば、ハーリス家の人にとっては、ムハンマドはガーリブの子孫というレベルで自分たちとは系譜を異にする人ということになる。そのような意味合いでバヌー・ガーリブという用法はある。ハーシム家という表現も基本的には、ハーシムの世代でムハンマドの系譜から枝分かれした集団と区別するための表現なのだが、ムハンマドの近親者との意味合いも強くもって使われている。

現代の研究者は、ムハンマドとの系譜上の位置関係を示すために伝承で使われたクライシュのなかの何某家という系譜集団を、人類学者が定義する氏族のような社会集団と安易に誤解して、ムハンマドの時代のメッカ社会を理解しようとする。しかし、実態はどうも違うようである。

長のいない集団

ムハンマドの時代のメッカは、外部の勢力に支配されてはいなかった。帝国とか王国(いわゆる国家)の領域に組み込まれていなかったから、外部の勢力に税金を支払う必要や、貢納をおさめる必要はなかった。その意味で自立した社会であった。国家の支配がおよばない自立した社会は、現在はともかく歴史上はめずらしい存在ではない。そのような社会は、部族という組織をつくっているのだと、一般に考えられている。部族は、他人には支配されなくとも、内部では長を選んでその統率下にあったと想定した。しかし、伝承を精査しても、メッカのクライシュに部族長と呼ぶべき存在は見出せない。

メッカは、遊牧民の社会ではなく、そこに世代をこえて定着した人びとの社会であった。しかも、のちにも述べるように、クライシュは商人として活躍し、商売に成功して富んだ者と貧しい者との格差の著しい社会をつくっていた。アラビアでの多数派である遊牧民は部族をつくって生活していたが、メッカは例外で、そこでは部族は解体の過程にあったのだ、と想定されている。部族にかわってハーシム家のような氏族がまとまりをもち、氏族長の会議でメッカ全体のことが決定されていたと。しかし、氏族長会議の具体像を示す伝承はない。

たしかに、長老が集まって、神の使徒を自称していたムハンマドをなんとかしようと相談したこと、ムハンマドをかばっていた彼の一族(すなわちハーシム家)を村八分にしようと相談していたことなどを伝える伝承はある。クライシュの長老や有力者が集まって会議をすることはあったのである。しかし、それが制度化していた会議であるとの印象を与えるような伝承はない。また会議の参加者が、氏族長という制度化された長であったとの印象も、伝承からえられない。ハーシム家の村八分の場合は、長老たちの意見がまとまり、メッカ住民の大多数が村八分に協力したようだが、結局は、ムハンマドの伯母たちのつれ合いやその子ら(父系ではハーシム家ではない人たち)のなかの長老が相談して、村八分を定めた文書を勝手に破棄してしまう。その現場にいた人びとはそれをとがめだてしようとしない。メッカの政治は融通無碍《ゆうずうむげ》なのであった。長老や有力者はいるのだが、またそのような立場の人たちが相談して物事を決めることもあったのだが、何事も制度化されていないのが実態であったようである。

メッカには、またその住民であるクライシュには、制度化された部族長や氏族長などの長はいなかったようだ。長なき社会、それがメッカ社会であった。

自立した個人の社会

伝承をいくら精査しても、ムハンマドの時代のメッカに、市役所、市議会、税務署、警察、裁判所などの政治・行政・司法のための制度があったことを伝える伝承はないし、部族長や氏族長の存在を伝える伝承もない。同時代史料である『コーラン』に、ムハンマドを非難し、彼と敵対していたメッカの人びとについて多くの記述がある。「彼ら」と、メッカの住民が一括される場合が多いが、住民のなかに制度化された組織や長が見えてこない。『コーラン』にはまた、ムハンマドが理解していた過去の人間集団についても多くの記述がある。アード族▲、サムード族▲、ノアの民▲などであるが、それらの人間集団のなかに有力者はいても制度化された長は見えてこない。もっとも、モーセに敵対したフィルアウン▲は王として『コーラン』に登場するが、それは例外である。ムハンマドは、王のような存在が歴史上あったことは承知していたとしても、一般的には長に率いられた統制のとれた人間集団は、想像しにくかったようだ。そのこ

▼アード族　不信仰ゆえに神に滅ぼされたアラビアの太古の住民とされている。

▼サムード族　アード族のあとアラビアに居住した住民で、同じく不信仰ゆえに神に滅ぼされたとされている。

▼ノアの民　『旧約聖書』「創世記」の主人公の一人がノアで、彼の時代に神が大洪水を遣わして、信仰深かったノアとその家族を除いて地上の人間すべてを滅ぼしたとされている。

▼フィルアウン　古代エジプトの王(ファラオ)のこととされている。

とは、メッカに制度化された長がいなかったことの証左となろう。

ムハンマドは、一人一人の個人を対象として神への信仰を説いた。信仰とは、一人の人間と神との契約なのである。信仰の基本は、神を信じ最後の審判を恐れることであった。天地万物を創造した神は、あるとき、天地万物(すなわちこの世)を破壊する。破壊の日、生きている者は全員、死んだ者は復活させられて全員、神に裁かれる。それが最後の審判であるが、裁かれるのは個人単位である。夫婦や親子すらばらばらに裁かれる。クライシュがまとまって裁かれるわけではなく、ハーシム家の単位で裁かれるのでもない。人間はそれぞれ自立した単位として神と対面し、裁かれる。メッカでは人はそのようなものとして存在していた証左である。

ムハンマドには、メッカ時代、妻と四人の娘がいた。そのうち妻と三人の娘はムハンマドの信仰を受け入れたが、ムハンマドが神の使徒(六八頁参照)として宗教活動を始めたときにすでに結婚していた長女は、信仰をもたない夫のもとにとどまっている。最初期の信徒の一人で、ムハンマドの死後最初のカリフとなったアブー・バクル▲という人物には二人の妻と数人の子女がいたが、妻の

▼**アブー・バクル**(五七三頃〜六三四)　ムハンマドの古くからの親友で最も初期の改宗者の一人。ムハンマドの死後、初代カリフとなる(在六三二〜六三四)。

一人と子女のうち半数ほどはムハンマドの信仰を受け入れ、妻の一人と子女のうち半数ほどは信仰をもたずにいた。家族も、信仰にかんしてはそれぞれが独自に判断していたのである。

近代の学問は、自立した個人とは近代西欧に特有な存在で、七世紀のアラビアにいたわけがないと思い込んでいた。それゆえ、なんらかの長に統率された部族なり氏族の存在を想定したのだが、それは傲慢にもとづく誤解なのである。では、メッカだけに自立した個人が存在したのであろうか。前述の物語では、ウヤイナという人物はファザーラ族の有力者であり、実力者である。しかし、制度化された族長という職についていたわけではない。ウヤイナの行動を断片的に伝える伝承の総体は、彼が族長という職にあったという印象を与えていない。それゆえ、創作のなかの主人公マスアダは、ウヤイナの呼びかけに応じる者ではあっても、彼の命令に無条件に従う身分の者とは描かなかった。そして自分の判断で、最終的にはイスラームを受け入れたとした。メッカだけではなく、当時のアラブ人の社会とは、自立した個人の集合体であったと、筆者は理解している。メッカは、そのような社会の一部であった。

商人の町メッカ

前述の『コーラン』第一〇六章に「クライシュのイーラーフのために、彼らの冬の旅と夏の旅のイーラーフのために」とある。イーラーフという言葉にたいして「隊商貿易の安全を確保するための契約」と注記しておいた。この注記の根拠となる伝承のあらすじを紹介しよう。

ムハンマドの曾祖父ハーシム▲はシリアまででかけていった。当時のシリアはローマ帝国の統治下にあった。ハーシムはシリアでローマ皇帝▲から、そこでの商取引の許可をえた。メッカへの帰路、道々の住民とのあいだに隊商の通過の安全保障のための契約を締結した。その契約がイーラーフである。メッカにもどったハーシムは、メッカの人びととともに隊商を組織して、シリアに向かい、おおいなる利益をあげた。ハーシムの兄弟たちは、イラク、イエメンなどに向かい、道中に住む人びととイーラーフの契約を結び、クライシュは隊商貿易をいとなむ商人となった。

おおよそ以上のような伝承によれば、『コーラン』の上記の文言は、イーラーフは、主(神)がクライシュに与えた恩寵といっていることになる。「冬と夏

▼ハーシムの時代　ムハンマドの誕生から七〇年ほど前、西暦で六世紀初頭のことと想定しておく。

▼ローマ皇帝　当時のローマ皇帝(ビザンツ皇帝)を、具体的な固有名詞ではなく、一般にカエサルと呼んでいた。皇帝はコンスタンティノープル(現イスタンブル)にいたはずであるが、この伝承では帝国の一部であるシリアにいたことになっている。

の旅」とは、メッカの商人の隊商貿易を指している。

上記の伝承は、実際には長文である。伝承の大部分は断片的なものなのだが、これは数少ない例外に属している。それゆえ、この伝承はまったくのつくりものので、なんらの歴史的事実も伝えていないとの批判が、近年の欧米の研究者のあいだにある。一方で、ムハンマドの時代のクライシュが、隊商貿易を組織する商人集団であったことは、断片的な伝承の総体が明確に伝えている。

クサイイの時代からムハンマドの時代のあいだのあるときから(ハーシムの時代と考えなくともよいが)、メッカのクライシュは隊商貿易をいとなむ商人になった。商品を運ぶ隊商が野盗におそわれて商品を奪われてしまってはどうしようもない。物語でのマスアダは、ときには隊商をおそう男である。彼のような男が少なからずいたのが当時のアラビアであるとの想像は、的はずれではないであろう。隊商を組織するからには、隊商路上に住む人びととの良き関係の設定は不可欠の作業であろう。その良き関係を『コーラン』ではイーラーフと呼んだ。その具体的内容は不明だが、クライシュはさまざまな人びととのあいだに良き関係を設定していたから、商人として成功したことはまちがいない事実なのだと思う。

メッカは、岩だらけの谷間の町であり、そこでの農業は不可能である。クライシュは食料すらも商業をつうじてえなければならない人びとであった。神は、『コーラン』第一〇六章にあるとおり、イーラーフをとおして「飢えた彼らに食物を与えた御方」であり、「恐怖を除いて彼らを安心させた御方」なのである。メッカ時代のムハンマドは、天秤で公正にはかること、重要な契約は文書にしたためておくこと、人生の最終的な決算は最後の審判であることなどと、商人にたいして商人言葉で信仰を説いている。クライシュの生業は、もっぱら商業なのであった。

▼ユダヤ教やキリスト教の神　『旧約・新約聖書』には「ヤハウエ」「エホバ」「主」など、さまざまな名前で神が言及されているが、みな、天地万物を創造した唯一神を指している。聖書のアラビア語訳では、それらは「アッラー」である。

「館」のある町メッカ

『コーラン』第一〇六章は、すでにみたように、クライシュは「館」の主に仕えなければならないと主張する。直前の第一〇五章には、象の軍勢の「企み」とあるが、企みとは館を破壊することだとするのが一般的な解釈である。主は、自らの館を自ら守った、とするのである。その館は一般にカアバと呼ばれている。カアバには、その内部に、三〇〇体をこえる数の神々の像が祀られていたという。そしてカアバという館じたいの主は像をもたない、すなわち姿かたちのないアッラーであると信じられていたらしい。ムハンマドはそのアッラーを、ユダヤ教やキリスト教▲のいう唯一にして天地万物の創造主である神と同一視した。神々の像は、神の被造物である人間がつくったものにすぎない。そんなものをなぜ信仰し、この館の主にして唯一なる神(アッラー)をないがしろにするのか、とムハンマドは説いたのである。本書はムハンマドの信仰にかんしては寡黙に徹するが、館はムハンマドにとっても、ムハンマドに敵対したメッカの住民にとっても大切なものであった。館の主であるアッラーは、ムハンマドにとっては唯一神▲であるが、メッカの住民の多数派にとっても重要な神(おそらく最高神でメッカの守護神)であった。

　全世界に共通することだが、当時のアラブにも宗教的な聖地への巡礼という慣行があった。メッカのカアバは巡礼の目的地の一つであった。しかし、アラビアには巡礼の目的地はいくつもあった。メッカ近郊のミナー▲やアラファート▲と呼ばれる地も巡礼の目的地である。これらをセットにして、巡礼者をまねく

▼唯一神　さまざまな自然現象や自然物などに神性を認め、多くの神格を信仰の対象とする日本人などの多神信仰の神々と異なり、すべてが一つの存在に帰一するとする信仰の対象となる神をいう。

▼ミナー　現在では、メッカ巡礼のさいに犠牲を屠〈ほふ〉るなどの儀礼をおこなう地。ムハンマドの時代もこの地で、メッカのカアバ神殿への巡礼とセットになって、巡礼行事がおこなわれていた。

▼アラファート　現在では、メッカ巡礼の一環として、この地に「とどまる」という儀礼がおこなわれる地。ムハンマドの時代は、メッカ巡礼とは区別された別な巡礼の目的地で、ここへの巡礼者はカアバ神殿へも巡礼するのが一般的であったが、メッカの住民はこの地への巡礼を忌避していた。

▼周辺の人間集団　メッカやアラファートへの巡礼に先んじて、近郊で年に一度の定期市が開かれていたが、その管理者はタミーム族のある集団であった。また、ミナーやアラファートでの巡礼行事の主催者も、メッカのクライシュではなく、別の系譜集団に属する人であった。

▼禁忌　アラビア語でハラムといい、「聖」という概念は含まない。例えば豚肉などけがれたものもハラムで食してはならない。

と都合がよい。さらに、近郊で年に一度の定期市が開かれれば、巡礼と商売がセットになり、より多くの人を引きつけられる。メッカの住民となったクライシュは、メッカ周辺の人間集団▲と協力しながら、巡礼と商売を組み合わせたシステムを発展させていった。

親・兄弟・親類縁者の仇に出会ったら、戦って殺さなければならないのがアラブの掟であった。現代では国家が犯罪者を処罰するのだが、国家のない社会では、復讐が社会のために必要な制度なのである。巡礼祭や定期市などで人が集まれば、仇に出会う可能性が高くなるが、そこでの殺人行為はかえって社会不安のもととなる。そこで巡礼や定期市の場では、戦うことや人を殺傷することを自制する制度ができる。メッカやその周辺の巡礼の場は、人びとから聖地とみなされていた。この場合の聖地とは、アラビア語で禁忌▲の地という意味である。仇を殺すことは人間として当然の権利であるが、ここではそれは禁忌である、とするのである。メッカの周辺が禁忌の地であることを承認する人びとがふえれば、巡礼者もふえる。クライシュは、メッカ周辺が禁忌の地であることを強調するために、さまざまな方策をめぐらしたようだ。

現代のカアバ神殿の巡礼祭

現代のミナーの巡礼祭

現代のアラファートの巡礼祭

結果として、ムハンマドの時代のメッカは、その周辺のミナーを含めて禁忌の地とみなされていた。アラファートは別な巡礼の目的地なのだが、実質的にはメッカ・ミナーへの巡礼と組み合わさっていた。毎年十一月、メッカから数日行程の距離にある数箇所で定期市が開かれ、十二月に定期市に集まった人びとが、メッカやアラファートに巡礼にくるようになっていた。定期市が開かれる時期と巡礼の時期を含む三カ月間は禁忌月であるとされた。メッカに人が集まるように、クライシュは努力したのである。

自由都市メッカ

メッカは、隊商を組織して遠距離交易に従事する商人の町であった。同時にカアバと呼ばれる神殿があり、そこへの巡礼者をむかえる町であった。町の規模は、人口一万人程度であったと推定される。ムハンマドと敵対し、戦ったさい、メッカ軍(メッカの住民の成年男子の相当部分)は最大で二、三〇〇〇人規模であったとする伝承が、その根拠である。この程度の人口では、現代では小さな町にすぎないが、七世紀の日本列島や西欧にはこれほどの規模の町はない。

この時代のアラビアでは、最大ではないが、それなりの規模の「都市」であったと思われる。その都市は、外にでかけて商売する人びとが住み、内に向かって巡礼にくる人びとをむかえていた。

メッカの住民の多数派は、ムハンマドの五世代前の祖クサイイの近親者の子孫であるが、父系では彼らにつながらない人びとが多数いた。奴隷や解放奴隷を除いて、アラブとしての系譜をもってはいるが彼らの子孫ではない人びとが、人口の三、四割はいた。メッカ時代のムハンマドの説く信仰を受け入れた者の名簿、ムハンマドとの戦争の参加者の名簿、戦死者の名簿などがその根拠である。そのような人びととは、クサイイがメッカに近親者を呼び寄せる以前からメッカに定着していた人びとの子孫、巡礼や商用でメッカにきて定着した者やその子孫などである。彼らの多くは、クサイイの近親者の娘と結婚している。その子どもは、父系ではクサイイらの子孫ではないが、母系をとおして彼らの親族である。伝承は個人を紹介するさいにその系譜を示すのであるが、このような人物は父系で某族の者と記され、メッカではクサイイらの子孫の某のハリーフ（同盟者）と位置づけられる。伝承の総体は、ハリーフの妻や母がクサイイら

▼ハリーフ　一般に「同盟者」とされる言葉であり、血縁集団間で同盟する場合に適用される。しかし、ムハンマドにかんする伝承では、ある血縁集団に父系では異なる系譜をもつ人がいる場合、その人をハリーフと呼ぶ例が多い。したがって、系譜の違いを明示する用語であるが、身分や階級を示す用語ではない。

の子孫である場合が多いこと、ときにはハリーフが集団の指導的立場に立つこともあることを伝えている。そしてハリーフもまた、先述の各種の名簿では、クライシュの一員として数えられている。クライシュとは、物語のバクル族同様に、父系の血縁では雑多な人びとの集合体なのである。

ムハンマドの曾祖父ハーシムは、妻の一人をメディナでもっていた。その妻とのあいだの子がムハンマドの祖父である。彼は、メディナ生まれの男ということになる。ムハンマドの祖父の場合は少年のころメッカにもどったが、メッカの住民が商用で外にでかけ、外で結婚して子どもをつくることもまれではなかったと想像される。メッカの住民は、それほどの制約なしに外で生活の場をもった。またメッカの外の住民がそれほどの制約なしにメッカを訪れ、そこに定着して子孫を設けた。メッカとは出入りの自由な空間であった。

人びとが自由に出入りし、特段の政治制度や社会制度なしに自立した人びとが群がる社会、そうでありながらそれなりの秩序があって発展していった社会、それがムハンマドの時代のメッカ社会である。

④―メディナ社会

町のない都市メディナ

ムハンマドが生まれ育ち、信仰を説きはじめたメッカは、紅海の海岸から七〇キロメートルほど離れた低地にある。そこでごく少数の信者しか獲得できなかったムハンマドは、メッカを棄てて四〇〇キロほど北方にあるメディナに移住した。そのメディナは、海抜七、八〇〇メートルほどの高原に広がる、南北に十数キロ、東西に一〇キロほどの広がりの空間で、溶岩台地の合間にいく筋かの谷が走り、中央部に長さ七キロ、幅三キロほどの凹状の窪地がある。窪地と谷間にナツメヤシの畑が広がる。窪地の三方は溶岩台地で北は開けた平原だが、平原はムハンマドの時代はもっぱら家畜の放牧地で、わずかな麦畑が散在していたようだ。平原の北端にはウフド山▲が聳《そび》えている。

窪地と、その周辺に広がる溶岩台地の合間の谷筋に、いくつもの小集落があったと思われる。集落のなかに一つか、場合によってはいくつかの砦があり、砦の総数は一〇〇をこえていたと伝えられている。窪地の北方の平原には、集

▼ウフド山　この山並みのふもとで、六二五年に、ムハンマド軍とメッカ軍との戦い(ウフドの戦い)があった。ムハンマド軍の戦死者の墓が、現在もそこにある。

落はなかったと思われる。それぞれの集落はナツメヤシの畑にかこまれ、ナツメヤシの樹間にはヤギやヒツジが放牧され、麦畑や野菜畑などもあったろう。メディナとは農村の集合体であった。

メディナは（アラビア語のマディーナの訛りだが）都市を意味する単語である。今日では凹状の窪地を中心に市街地が広がっている。しかし、ムハンマドがそこに移住したとき、地域全体の中心となる人口数千人、数万人規模の大集落はなかった。ムハンマドは、窪地の一角にある小山のふもとに居をかまえ、やがてそのまわりに信者たちが集住しはじめた。移住の一〇年後のムハンマドの死の時点で、この集落はそれなりの規模となり、死後に人口数万人の都市に発展していった。その都市の名を「預言者のマディーナ」、それを略し、定冠詞をつけて「アル・マディーナ（訛ってメディナ）」と呼ぶのだ、そしてムハンマドの時代は、この地はヤスリブと呼ばれていたのだ、と多くの者は説明する。

伝承は、この地をヤスリブともメディナとも呼ぶ。伝承が整理され記録された時代には、この平原の一角にたしかに都市はあった。それゆえこの地がメディナと呼ばれても不思議ではなく、伝承学者はそう呼ぶことに慣れて、ついそれをムハンマドの時代にまで適用してしまった、と考えてもよいかもしれない。しかし、総体としての伝承は正しいことを伝えていて、ムハンマドの時代にもこの地はときにはメディナ、すなわち「都市」と呼ばれていたのかもしれない。

高度技術の集積としての農業

アラビアは降雨が少なく、天水で農業が可能な地は、南西部のイエメンを除いてほとんどない。また、水が流れている川もない。谷は、おおむね涸《か》れ谷なのである。アラビアでも、ときに豪雨がある。谷間に水が急流となって流れるが、水はあっという間に地面に吸収されて、またもとの涸れ谷となる。川の流れを灌漑に利用する農業も不可能なのである。それでも、谷には伏流水がある。井戸を掘れば水はえられる。メッカは、谷底にある町だから、その住民は井戸を掘って水をえていた。しかし、岩だらけで土壌がないため、そこでの農業は不可能であった。

メディナは、周辺の溶岩台地に滲《し》みた雨水が伏流水となって集まる地である。そして溶岩台地の合間や中央の窪地は、肥沃の土壌におおわれていた。地下水

カナートの修理

を地上に導けば、農業が可能となる。西アジアで人間が、カナートと呼ばれる暗渠水道で地下水を地上に導く技術を開発したのは、紀元前一千年前後のことであろう。その技術は紀元前一千年紀のある時期にアラビアにも導入された。ムハンマドの時代のメディナにも、無数のカナートがあったと考えてよい。カナートは、イランや中央アジアでは数十キロ、十数キロの長さの大規模なものもあるが、メディナのものはごく小規模であったろう。小規模とはいえ、それを掘り、維持するのは簡単ではない。高度な技術開発の賜物として、カナートは存在していた。

　地下水を利用して高度な集約農業をおこなう技術を、ムハンマドの時代のアラブはもっていた。では、いつの時代から、このような技術がアラビアで発展したのであろうか。その答えを現代の歴史家はもっていないが、紀元前の時代からであることはまちがいないであろう。ムハンマドの時代を遡ること一千年ほどと考えよう。『旧約聖書』ではドマ、テマなどと呼ばれるアラビア北部の都市は、紀元前一千年紀のなかごろには栄えていたようである。それらの都市は比較的大きなオアシスにあり、オアシスでは高度な集約農業がいとなまれてい

▼ドマ　ムハンマドの時代はドゥーマ・アル・ジャンダルと呼ばれていた。現在のサウジアラビアのジャウフ。

▼テマ　ムハンマドの時代も現在もタイマーと呼ばれている。

オアシス都市の一例（写真はパルミラ）

たと想像できる。メディナでも、そのころから高度な集約農業がいとなまれていたと想定して、誤りではないであろう。だとすると、ムハンマドの時代にいたる一千年ほどのあいだに、メディナというオアシスに都市が存在した時代もあったと考えてなんら問題はない。メディナは、古くからメディナとも呼ばれていた可能性は高いのである。都市は、栄えるときもあれば、衰えるときもある。たまたま、ムハンマドの時代にはそこに都市はなかった。

アムル族

六二二年、ムハンマドはメッカからメディナに移住した。ムハンマドが最初に到着したのはクバーと呼ばれていた地区であった。この地の住民の多数派をアウス族のなかのアムル族という。メディナの住民にはユダヤ教徒とアラブがおり、アラブはアウス族とハズラジュ族の二大部族に分かれていたとされている。アウス族とハズラジュ族の人びとはまとめて、ムハンマドを助けた人という意味で、伝承ではアンサールと呼ばれる。アウス族のなかのアムル族は、アンサールの八大集団（アウス族三支族、ハズラジュ族五支族）の一つ（アウス族のなかの支族)とされる。このアムル族を例にとって、メディナ社会の一端をながめてみよう。

ムハンマドがメディナに移住してしばらくしたあと(おそらくほぼ一年後)に、一通の契約文書が作成された。現代の研究者はこの文書を「メディナ憲章」と呼ぶ。本書ではこの憲章の全面的検討はさしひかえるが、筆者は、これはアンサールのあいだにあった血の復讐の関係を清算するための文書が基礎になっていると考えている。憲章のなかにつぎの一節がある。

アムル族は、これまでの慣習に従い、従来の血の代償を支払う(単位となる)。また、その各支族は、信者の善意と公正をもって、捕虜を買いもどす(単位となる)。

殺人事件でも戦争でも、血が流されれば、殺された男の親子、兄弟、親類縁者は復讐しなければならない。しかし、ときに復讐の権利を金品を対価に放棄することも許される。それを血の代償という。憲章のこの一文は、アムル族は、これまで清算されずに積もっていた血の債権・債務を、この単位でまとまって清算することを、アンサールとムハンマドが約束したことを示している。憲章は、このような血の清算の単位として八つの集団名を明記している。現代の研究者がアムル族をアンサールの八大集団の一つとみなすゆえんである。

一方、憲章は、アムル族のなかの各支族が「捕虜を買いもどす(単位)」であることも明記している。アムル族という集団の内部には、いくつもの下位集団があったと想像される。捕虜を買いもどすという、非常に具体性をもった案件は、下位集団レベルで処理することを憲章は認めていることになる。

憲章にはつぎのような規定もある。

アウフ族のユダヤ教徒は、信者と同様、一つの集団(ウンマ)を成す。ユダヤ教徒は彼らの宗教、信徒は信徒の宗教を保持する。これは、彼ら(アウフ族のユダヤ教徒)のマウラー(被保護民)と彼らじしんに適用される。ただし、悪をなす者、罪を犯す者は除く。そのような者は、自らと家族を破滅させる。

アウフ族とは、アムル族とは別の「アンサールの八大集団」の一つである。憲章は続けて、ほかのいくつかの大集団のユダヤ教についても「アウフ族のユダヤ教徒と同じ」と規定するが、アムル族については無口である。しかし各種

▼マウラー　集団や個人の被保護民をさす用語。解放された奴隷の多くはこう呼ばれた。

ザイド家の系図

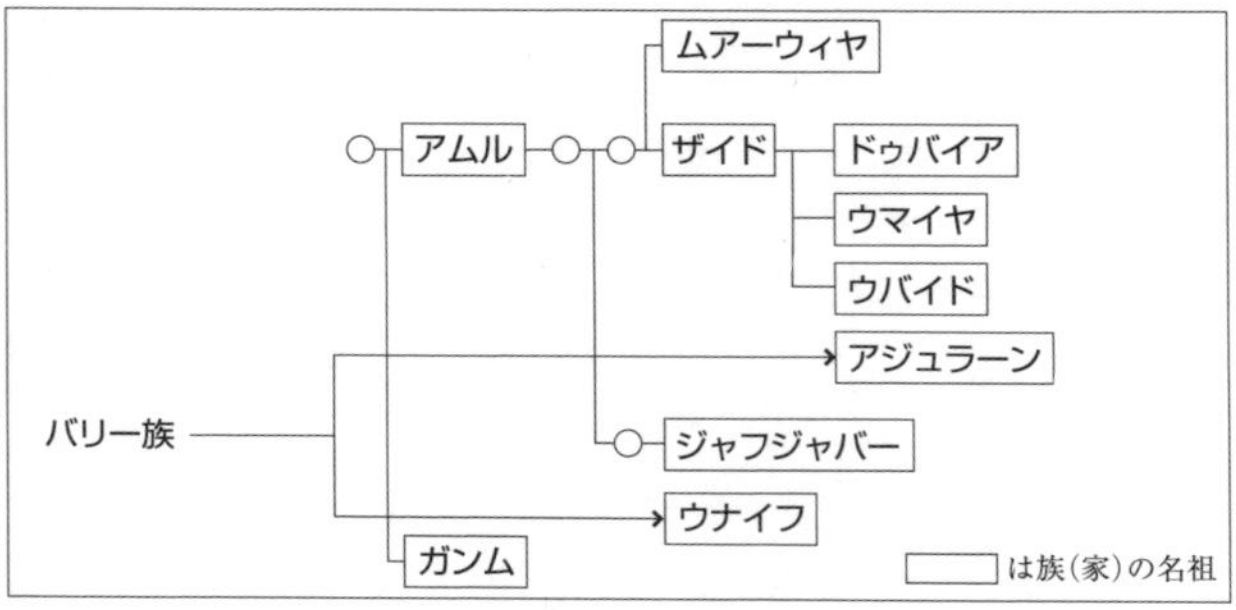

の伝承は、アムル族のユダヤ教徒について言及している。なにゆえ憲章が無視したかは謎であるが、この集団にもユダヤ教徒が含まれていたことはまちがいないと思われる。

ともあれ、アムル族とは、その内部に多くの「支族」をかかえ、ユダヤ教徒もそれなりに含んでいた集団なのである。

アムル族のザイド家

ムハンマドは、メディナへの移住後一年半ほどで、バドルの戦い(七六頁参照)を経験した。この時点で、アンサールのなかで、命をかけて戦うことを決意していた者(バドルの戦いの参戦者)は二四〇人ほど(おそらくアンサール全体の一〇分の一以下)にすぎなかった。その全員の名簿が伝えられている。アムル族からも二〇人をこえる参戦者の名が記録されている。

参戦者名簿も整理された伝承であり、それを採録する書物によって多少の異同があるが、そこではおおむね参戦者は、アムル族のなかの支族別に整理されている。イブン・イスハークが自著に採録した名簿では、九の支族別に参戦者が記載されている。そのうちの三つは、ドゥバイア家(以後具体的な支族名には、族のかわりに家を付す)、ウマイヤ家、ウバイド家である。この三つの集団の名祖は兄弟で、三人の共通の父をザイドという。ザイド家という表現も各種の伝承に登場する。伝承の総体では、三つの集団はザイド家のなかの下位集団ということになる。

ドゥバイア家からの参戦者は五人で、うち一人が父系ではドゥバイアにつながらない人物(すなわちハリーフ)である。ほかは、集団の名祖ドゥバイアから四から七世代あとの人物である。ウマイヤ家からは名祖から四から六世代あとの七人が参加し、二人は不参加であったがムハンマドが参加者と認定した(戦利品を分配した)という。ウバイド家からは名祖から五世代あとの一人のほかに、父系ではバリー族▲という部族に属するアジュラーン家から六人が参加している。別の伝承では、このアジュラーン家はウバイド家ではなく、その上位集団であるザイド家のハリーフとしている。アジュラーン家とは、ザイド家全体、とくにそのなかのウバイド家と姻戚関係で強く結ばれていた人びとのことであろう。メディナ憲章がいうアムル族のなかの「各支族」とはザイド家のレベルなのか、

▼**バリー族**　構成員の大部分はシリア砂漠にいたと思われる。その一部がメディナに定着していたらしい。

その下位集団レベルなのかは不分明なのだが、名簿によれば、アムル族はザイドの三人の子を名祖とする三つの下位集団と、それとそれほど規模は変わらないと想像されるアジュラーン家という、系譜上はバリー族に属する集団を含む集団であった。

ザイド家の砦

ある伝承は、ザイド家はクバーに一四の砦をもっていたという。ムハンマドがクバーに到着したとき、金曜日の集団礼拝をした。その場所に、のちにモスクが建設された。そのモスクの東側がザイド家の本拠地であったようだ。そこに大小一四の砦があったというわけだ。別な伝承は、ザイド家の下位集団ウマイヤ家は砦を建設したという。ウバイド家も、ある集団から砦を奪ったとする伝承もある。

ザイド家の名祖ザイドの従兄弟にジャフジャバーという人物がいた。その子孫をジャフジャバー家という。バドルの戦いの参戦者のもっとも古い世代のものより二世代前の時代に、ザイド家とジャフジャバー家のあいだで戦いがあった。ザイド家の指導者が戦死したが、ジャフジャバー家はクバーのモスクの東側を去って、西側に居住区を移す結果となった。ジャフジャバー家の二つの砦は、ザイド家のなかのウマイヤ家のものになったという。

ザイドの兄弟のムアーウィヤの子孫をムアーウィヤ家という。ムアーウィヤ家の人びともザイド家とともに、モスクの東側に住んでいたらしい。あるとき（時期は不明だが）ムアーウィヤ家はクバーを去り、メディナの窪地の東端部、ナッジャール族（八大集団の一つ）が多く住む地区に移った。伝承は移住の原因を伝えていないが、おそらくザイド家との戦いに敗れた結果であったろう。ムアーウィヤ家の砦もザイド家のものになったに違いない。クバーから去っていたムアーウィヤ家からのバドルの参戦者一人と彼らのハリーフ二人の名は、名簿ではアムル族のほかの集団と並行して記されている。この場合、名簿はあくまで系譜にもとづいて整理されていて、居住地は考慮されていない。

この時代のメディナにあったという砦とはどのようなものなのかと問われても、現代の歴史家は明確に答えることはできない。ムハンマドは、メディナに移住してから三度ユダヤ教徒の砦を包囲しているが、武力で砦を攻略したことはない。いずれの場合も、包囲の結果、砦にこもったユダヤ教徒の側が降伏している。砦とは容易には陥落しない建造物と考えてよいであろう。そのような砦がメディナには一〇〇をこえる数で存在し、クバーのザイド家も一〇をこえる数でもっていたのである。

クバーのほかの集団

ザイド家に追われてクバーのモスクの西側に移ったジャフジャバー家は、そこに砦を築いたという。また、ウナイフ家の土地にももう一つの砦を築いたともいう。ジャフジャバー家から、バドルの戦いに一人とハリーフ一人が参加している。そのハリーフはウナイフ家の人である。ウナイフ家とは、ザイド家のなかのウバイド家のハリーフであるアジュラーン家と同じく、バリー族に属する集団である。彼らは、ユダヤ教徒ともまじって住んでいたと伝える伝承もある。ウナイフ家もアジュラーン家も、クバーに古くから住んでいた人間集団の子孫と考えてよさそうだ。

アムル族の名祖アムルには四人の息子がいた。一人はザイド家の名祖ザイドの祖父である。ほかの三人は、それぞれサアラバ、ラウザーン、フバイイブという。その三人はそれぞれその名を冠する集団の名祖である。そのうちのサアラバ家からはバドルの戦いに六人が参加し、ほかに一人がムハンマドにより参加者と同等のあつかいを受けた。この集団もクバーの住民であったようだ。バドルの戦いに一人が参加したラウザーン家は、ムハンマドの移住時にはメディナの別の場所に砦をかまえていた。フバイイブ家は、バドルの参戦者を出していない。この三つの集団とは別にザイドの伯父にあたるハナシュを名祖とする集団がクバーにいた。イブン・イスハークの伝える名簿にはないが、ほかの歴史家が伝える名簿では、この集団から一人がバドルに参加している。ハナシュ家は、クバーにいたようである。

去る者がいれば、くる者がいる。ガンム族(おそらくその一部)という集団があるとき、系譜上近い関係にあった集団と戦って敗れ、クバーに定着した、とある伝承はいう。ガンムとは、整理された系譜では、ザイド家の上位集団アムル族の名祖であるアムルの兄弟である。アムル族のバドルの参戦者は、アムルから数えて一二から一四世代あとの人たちである。ガンム族の参戦者はガンムから数えて九世代あとの人たちである。ガンムとアムルが兄弟とする系譜には無理があるが、ここではそれは問わないでおこう。ともあれガンム族の一団は、近い親族との戦いに敗れて、ザイド家の遠い親族であることを頼りにクバーにきて、そこに定着したものと思われる。ガンム家からのバドルの参戦者四人と彼らのマウラー一人の名は、アムル族の中の他の集団と並行して名簿にある。ガンム家がクバーに砦をもっていたかどうかは不明である。

ハーティブの戦い

メディナ憲章にある八大集団の一つをナビート族という。さらにその中のアブド・アル・アシュハル族の指導者があるとき、兄弟支族ハーリサ族と戦って殺された。殺された指導者の子であったフダイルという男が復讐戦をいどんだ。フダイルの母は、いままで紹介してきたアムル族のザイド家のなかのウマイヤ家の女であった。フダイルは、父方の系譜集団ではなく、母方の系譜集団であるアムル族の指導者としてこの戦いで活躍した。彼の父方の系譜集団アブド・アル・アシュハル族の指導者はサアドという、のちにムハンマドに忠誠を誓うことになる男である。この戦いの結果は、アブド・アル・アシュハル族がハーリサ族をその居住地から追放し、砦を奪うことで決着した。

その直後、アムル族のムアーウィヤ家のハーティブという男が事件に巻き込まれた。ムアーウィヤ家とは、先述のように、ザイド家によってクバーの居住地を追われた集団である。これを契機に、ハーティブの戦いと呼ばれる一〇年におよぶ一連の戦いが起こった。戦いは、メディナのさまざまな集団を巻き込み、集団は離合集散を繰り返したようだが、フダイルは一貫してアムル族(おそらくはその一部)の指導者として活躍している。一連の戦いは、最後に、アウス族とハズラジュ族というアンサールを二分する大集団の決戦(もっとも中立を決め込んだ者も少なくなかったようだ)となる。この決戦をブアースの戦いという。ムハンマドの移住の数年前にあったと伝えられている。決戦で、アムル族を主力とするアウス族の軍団を率いたフダイルは戦死し、敵方のハズラジュ族の指揮者も戦死して、決着がつかないままに、ムハンマドの移住のときをむかえることとなった。

アムル族という集団

メディナ憲章で八つの大集団の一つとされたアムル族にかんする伝承を拾い集めてみると、以上のような実態が浮かびあがってきた。ハーティブの戦いまでは、この集団にはまとまりがなかった。内部で対立・戦いが繰り返しあり、構成員も流動的であった。一〇年におよぶ戦いでは、父系ではその一員ではないフダイルの指導下で、それなりのまとまりをもったのかもしれない。しかし、ムハンマドをむかえてからは、このレベルでまとまって行動したことを伝える伝承はない。アムル族という系譜集団は、メッカのクライシュやその内部集団と同じように、制度としての長をもつような集団ではなかったとみなしてよいだろう。戦いのさいはまとまることもあったから、「血の代償の清算の単位」とみなされたが、清算が実行されたとしても、それは一回かぎりのことであったに違いない。

アムル族に見られた集団の性格、すなわちその内部にいくつもの支族をもち、支族のなかには父系の系譜を異にする集団もあり、また系譜を同じくする集団をときにはほかの居住区に追放し、ユダヤ教徒の集団も同じ居住区にかかえ込

ミニアチュールにみられるアラブの生活風景

●—臼をみがく男

●—牛をつかって農地をたがやす男

●—小麦粉をつくる女

むという性格は、ほかの八大集団にも共通するものであった。

メディナは、メッカとは違い、農業を主たる生業とする人びとの地である。メディナでの戦いは、砦だけではなく、農地の奪い合いでもあったろう。農地は、カナート(五二頁参照)という、かなりの資本を投じた水利施設をともなっていた。またナツメヤシは数十年の寿命がある果樹で、木じたいが資本である。メッカの人の資産は、主として家畜や商品や貸し金という流動資産であった。ときには近隣のオアシスの農地を資産として所有することもあったらしいが、それも売買を前提とした投資であったようである。メッカは商人の町であったが、メディナは土地を守るために戦う「一所懸命」の、武装した農民の地であったのである。

メッカに市役所などの制度がなかったように、メディナにもなんらの制度化された政治・行政・司法のための制度はなかった。メッカは、制度がなくとも、それなりの秩序があった。メディナには、ムハンマドが移住するまでの十数年間、内部での戦いの連続があったことになる。

ラビを中心とするユダヤ教徒

メディナ憲章には、さきにあげた文言以外にも、ユダヤ教徒にかんする多くの規定がある。メディナにかなりの数のユダヤ教徒がいたことは、史実と考えてよいであろう。ムハンマドの時代である七世紀のユダヤ教徒は、世界各地に散在していて、彼らじしんの国家をもつことはなかった。しかし、世界のどこにいても、ユダヤ教の信者であるという共通の性格をもっていた。ユダヤ教とは、天地万物を創造した唯一なる神への信仰にほかならない。ムハンマドは、根本においてはユダヤ教と同じ信仰を説いたのである。

神への信仰は、具体的な儀礼をとおして表現される。ユダヤ教の場合、儀礼は、律法、口伝律法、解釈によっている。膨大な量の書物を読み、それを理解し、その知識にもとづいて儀礼を実践している知識人をラビという。ユダヤ教徒にとっての安息日である土曜日には、ユダヤ教徒は会堂（シナゴーグ）に集い、ラビを中心に終日神への祈りを捧げ、信仰のためのさまざまな儀礼をおこなう。ラビの知識は、世界に散ったユダヤ教徒のあいだで共通し、ラビをとおして、世界のユダヤ教徒は一体性を保っていたといえる。

▼神の使徒（預言者）　ムハンマドは、啓示を受けたと自覚して以来、一貫して「神の使徒」と称していた。「預言者」はユダヤ教に由来する言葉であるが、メディナに移住して以来、ユダヤ教にかんする知識を深めていく過程で、ムハンマドは自分も預言者であると認識するようになった。なお、ムハンマドの考えでは、モーセやイエスも、神の使徒にして預言者である。

メディナのユダヤ教徒の社会にもラビが少なからずいた。神の使徒（預言者）▲と自覚していたムハンマドがメディナに移住してきたとき、ラビたちの多くは（若干の例外はいたが）、その知識ゆえにムハンマドを神の使徒とは認めることはできなかった。ムハンマドにとっては、ラビは信仰上の強敵となった。ラビの知識を尊重し、彼らに従って宗教儀礼を実践していた一般のユダヤ教徒にとっても、ムハンマドは歓迎すべき人物ではなかった。

市場の商人カイヌカーウ族

人間は、信仰だけで暮すわけにはいかない。メディナのユダヤ教徒にもそれぞれ生業があり、社会集団があった。ユダヤ教徒の集団の一つにカイヌカーウ族と伝承が呼ぶものがあった。「カイヌカーウの子孫たち」と伝承はいうのだが、伝承はムハンマドの同世代人から名祖のカイヌカーウまでの系譜は伝えていない。伝承は、アラブ人の系譜を伝えることには熱心だが、ユダヤ教徒の系譜には興味をもたないのである。カイヌカーウ族の内部集団についても伝承は無口で、全体がまとまりのある一つの集団であるかのように伝えている。この

現代のサナア（イエメン）の市場

集団はメディナの窪地の中央部に市場《いちば》を経営していたようだ。常設店舗がならぶ市場なのか、露天の定期市なのかは分からない。

ムハンマドの時代を伝える伝承からは、商人が群れ住むメッカに市場は確認できない。個別の商取引があったことを伝える伝承はあるが、定期市や常設店舗にかんする伝承はないのである。メッカの商人は、メッカの外の年市にでかけて取引したり、隊商を組織して遠距離交易に従事したりしていた。それにたいして農村の集合体であるメディナには、市場があった。カイヌカーウ族とは、その市場で商いや、鍛冶や金銀細工などの手仕事に従事する人びとの集団であったようである。

その市場であるとき殺人事件があった。それを契機にムハンマドはカイヌカーウ族の砦を包囲し、降伏した彼らをメディナから追放した。メディナでは繰り返しあった追放劇の一幕である。彼らの一部は、ワーディー・アル・クラー（本稿の創作の舞台）に、一部は遠くシリアに去ったという。伝承が真実を伝えているならば、カイヌカーウ族とは、メディナだけではなく、ワーディー・アル・クラーをへてシリアにいたる通商路でも取引していた商人集団と想定できる。メディナとは、そのような商人集団をかかえる地域であった。

農民であるナディール族など

カイヌカーウ族を追放したムハンマドは、続いてユダヤ教徒のナディール族と戦い、その複数あった砦を包囲して降伏に追い込み、彼らをメディナから追放した。そのさい、彼らのもっていたナツメヤシの農園を没収した。ナディール族とは農園の経営者や、農業労働者の集団であったようだ。もちろん彼らも商取引をしたり、金貸しをしたりしていたのだが、主たる生業は農業であったと思われる。追放されたナディール族の人びとは、メディナの北方にあったハイバル▲というオアシスに移った。彼らは、ハイバルにも農園をもっていたのである。

ナディール族追放後、ムハンマドはクライザ族というユダヤ教徒の集団と戦い、降伏した彼らのうち成年男子の全員を処刑し、女・子どもを奴隷として売りはらい、その農園を没収した。クライザ族も、農業を主たる生業とする人びとであり、いくつかの砦をかまえていたようである。

▼**ハイバル**　本書で後述(七九頁)するように、ムハンマドは、六二八年にここを征服した。

ナディール族とクライザ族の追放・撲滅を伝える伝承は、この二つの集団がかならずしも一枚岩であったことを伝えていないが、さりとてその内部集団について詳しく伝えているわけではない。いずれも、ナディールとクライザの「子孫」という表現を用いるが、アンサールの「族」と同じように、ムハンマドとの戦いという非常のさいにまとまることはあっても、日常普段はかならずしもまとまって生活しているわけではない集団と想定しておいてよいであろう。

ムハンマドは、この二つの集団の農園を没収し、その一部を自分が所有し、一部をムハンマドに前後してメッカからメディナに移住した信者などに分配した。しかし、ムハンマドにせよ、メッカから移住した信者にせよ、所有した農園をみずから耕したり、ナツメヤシの果樹の世話をしたりしたとは思えない。農園で働いたのは、メディナの住民であったろう。メディナの住民には、農園を資産としてもつ者もいれば、農園で働く者もいたのである。また、メディナ北部の平原で、ムハンマドのラクダなどを放牧させていた者もいたことを、伝承は伝えている。ユダヤ教徒を含め、メディナとは、農業を主たる産業とするが、多様な立場の人間が小集落に分かれて群れ住んでいた空間と考えられよう。

⑤—国家の建設

ムハンマドへの戦いの許可

メッカでムハンマドが神への信仰を説いたとき、その信仰を受け入れた者は、主として若者であった。なかには、奴隷▲や解放奴隷▲という社会的弱者もいた。成年男女の数で五〇〇〇人を少しこえる程度の人口であったと想像されるメッカで、ムハンマドの信仰を受け入れたのは、二〇〇人ほどと思われる。そのうち、それなりの社会的立場をえていた中年以上の男は、十数人というところであろうか。ムハンマドの説く信仰は、メッカの人びとが世代をこえて実践してきた、カアバとその内部に祀られている神々の像への信仰儀礼を否定するものであった。従来の宗教を否定する、いうならば新興宗教に走った弱者にたいする大人たちの態度は冷たかった。なかには、自分の身内の若者を、屋内に閉じ込める、露骨に暴力をふるって棄教を迫るなどの迫害をおこなう大人もいた。ムハンマドは、そのような信者を救う手立てを、なに一つもっていなかった。信仰のた

▼奴隷　商品として売買の対象となる人間。ムハンマドの時代のアラビアでは、人格が否定されたわけではなく、財産所有権はあった。奴隷は人口の数%程度とみられる。

▼解放奴隷　奴隷身分から解放された自由人をいう。ただし、親類縁者が身近にいるわけではないため、元の主人になかば隷属していた者が多い。図は中世の奴隷市場。

め、たえるよう、たえるようと訴えるだけであった。また、信仰なき身内を棄てて、エチオピアのアクスム王国（当時は同じ一神教であるキリスト教を国教としていた）に亡命する信者もいた。

ムハンマドは、当初はメッカの人びと全員を信仰に導くつもりであった。しかし、ある時点で、信仰なき人びとを相手にしないと決めた。ムハンマドは、つぎのように理解していた。ムハンマドにとって先輩にあたる何人もの神の使徒（預言者）は、それぞれの時代に、その当時の人びとに信仰を説いては、人びとにみすてられていた。そのつど、神は信仰なき人びとを滅ぼし、預言者とごく少数の信者だけを救ってきた。『旧約聖書』の「創世記」にもあるように、ノアの時代に神は大洪水を起こし、ノアの一家（信者）だけを救って、ほかの全員を滅ぼしてしまったのである。ムハンマドの時代のメッカの人びとの大多数は、ムハンマドがみすてたのではなく、神がみすてたのだ、と。

ムハンマドは、メッカを棄てる決意をかためた。そして、信仰なき人びと（メッカの信者の親・兄弟・親類縁者なのだが）と戦う許可を神がくれたと信じた。『コーラン』のつぎの文言は、戦いの宣言である。

ウフドの戦い

不義をこうむったがゆえに、戦う者に（戦いが）許された。神は、彼ら（戦う者）への援助にかんして、全能である。（巡礼〔第二二〕章三九節）

内戦の調停者ムハンマド

六二二年九月に、メッカを棄てたムハンマドはメディナに到着した。その数カ月前から、メッカの信者は三々五々メディナに移住していた。成年男子の数にして七〇人ほどである。成年女子は三〇人ほどであろうか。信者の一部は、親・兄弟・親類縁者に引きとめられて、あるいは拘束され、あるいは棄教した。ムハンマドも、移住した信者もみな、戦う覚悟をしていた。ムハンマドの移住（ヒジュラ▲）の前年、七〇人余のメディナの人が、メッカに巡礼に訪れ、ひそかにムハンマドと面会して、ムハンマドの信仰を受け入れることを表明し、ムハンマドたちをメディナにむかえることを約束していた。彼らも、ムハンマドたちを護ること、すなわち必要ならば戦いを辞さないと決めたのである。

メディナのアラブ（ユダヤ教徒を除く人びと）の成年男子の総数は三〇〇〇人ほどと推定される。ムハンマドをむかえることに積極的であったメディナのム

▼**ヒジュラ**　移住を意味するアラビア語。メッカからエチオピアへの移住、ムハンマドの死後アラビアからエジプトなどの征服地への移住もヒジュラという。一方、ムハンマドとその仲間のメッカからメディナへの移住は特別視される。これを契機に、本書で記すように、ムスリム中心の社会が建設される契機となったからである。ムハンマドの死後に、ヒジュラがあったことにより新しい歴史が始まったとする（ヒジュラがあった年を紀元元年とする）暦（ヒジュラ暦）が制定され、現在もそれが使われている。

スリムは、当初は一〇〇人ほどであろう。彼らは、ムハンマドをむかえ、彼を調停者にすることによって、道を歩けば親・親族の仇《かたき》に出会うという社会混乱を収束させたいという政治目標ももっていた。ムハンマドをむかえて、彼らの活動は活発となった。数のうえでは少数であったが、彼らの活動は広範な支持をえたようである。移住からほぼ一年後、調停は成功し、長年の内戦に終止符を打ち、血の債権・債務を清算することに、メディナの人びとの大半が合意した。その結果が、前述のメディナ憲章の前半部分なのである。ムハンマドは、神の使徒の名において調停し、それに成功したのだが、多くの者は調停には同意しても(ごく一部の者は調停に反対してメディナを去り、メッカに移住してしまったが)、ムハンマドの信仰を本心で受け入れたわけではなかった。

調停のあいだ、ムハンマドは戦いを求めた。何回か、メッカの隊商をおそうために、軍を派遣した。遠征軍は戦うことなくメディナに引き揚げる結果となったが、これらの遠征軍の参加者はみな、メッカからの移住者であった。メディナの信者はまだ、メディナの外にでて戦う決意はしていなかったのである。

バドルの戦い

戦利品の分配

　移住から一年半後、ムハンマドは自ら軍事遠征隊を率いてメディナを出立した。メディナの信者も二四〇人ほどが参加し、移住者と合わせて三〇〇人ほどの軍となった。遠征軍は、メッカの大規模な隊商をおそうつもりであったが、隊商はそれを察知して逃れた。隊商を救うべく、メッカの衆、一千人ほどがあわててメッカをでて、ムハンマドの軍をめざした。結果として、このメッカの軍とムハンマドの軍が、バドルという名の泉で激突した。戦いを前にして、ムハンマドはメディナの信者が本気で戦うかを心配した。彼らは、メディナでムハンマドを護ることは約束していたが、メディナの外で、ムハンマドの指揮下で戦うことまでは約束してはいなかったのである。しかし、戦い慣れたメディナの信者が、敵を目の前にして臆することはなかった。

　戦いの結果はあっけなかった。ムハンマド軍の圧勝である。戦場に敵の死体と、敵が棄てた武器が残った。死体も、高価な武器をおびている。また、数十人の捕虜もえた。捕虜からは、かなりの額の身代金をえられる。戦いに勝つことは、おおいなる金銭的利益をもたらすのである。捕虜の身代金を含めた戦利品は、敵を倒したり、とらえたりした個々の戦士の所有物となるのが世の習いなのであろうが、ムハンマドはそれを許さなかった。『コーラン』で神はいう。

知れ、お前たちが戦利品としてえたものの五分の一は神のもの、また使徒（ムハンマド）と（ムハンマドと）血縁が近い者と困窮者と旅人のもの。もし、お前たちが神と、われ（神）がわれのしもべに、分別の日すなわち両軍の会戦の日にくだしたものを信じるならば。神はすべてのことにおいて全能である。（戦利品〈第八〉章四一節）

この文言のうち「分別の日すなわち両軍の会戦の日」とはバドルでの戦いの日と、多くの『コーラン注釈書』は説明する。そして、その日に「くだしたもの」とは、ムハンマド軍への援軍として神がくだした天使の軍だ、というのである。戦いの勝利は、信者の奮戦だけではなく、神と天使が援けたからえられたのだ、と『コーラン』の文言は主張する。それゆえ、戦利品の五分の一▲は神と使徒（ムハンマド）のものだというのである。血縁が近い者、困窮者、旅人への分配はムハンマドに委ねられるはずだし、神の取り分も、実質的には、ムハンマドのものである。ムハンマドは、戦利品を管理し、それを分配し、その五

▼**戦利品の五分の一**　ムハンマドの死後、これは国庫に納入されるようになった。

分の一を自由に使用する裁量権をえたことになる。

バドルの戦いのあとという時点で、ムハンマドがメディナ社会全体の指導者になったわけではない。しかし、ムハンマドを核とする戦士集団(しかもその戦士たちは信仰に裏打ちされている)が形成され、ムハンマドはある程度の政治資金をえたことは事実である。

メディナにおけるムハンマドの権力の確立

その後のムハンマドは多くの戦いをおおむね勝ちぬいた。メディナの信者を戦いのたびに組織して、指揮下におき、勝って戦利品を分配するという行為をつうじて、ムハンマドはメディナ社会の最強の実力者にのぼり詰めていった。殺人などの犯罪があれば、ムハンマドが裁くようになった。結婚、離婚、相続などの問題も、ムハンマドが相談に与り、結論を出すようになる。それまで、長が存在せず、なんらの統治機構もなく、ばらばらであったメディナ社会で、ムハンマド個人が核となった。

ムハンマドは、メディナにいたユダヤ教徒をつぎつぎと追放したり、撲滅したりしていった。最初のカイヌカーウ族の場合は、ムハンマドが彼らの財産を没収したわけではなかったが、二度目のナディール族と三番目のクライザ族の場合は、彼らが所有していたナツメヤシの農園を没収した。農園の一部は信者のあいだで分配されたが、かなりの部分はムハンマドが所有するところとなった。ムハンマドは、まちがいなくメディナ最大の財産もちとなったのである。ムハンマドはまた、戦費の負担を残っていたユダヤ教徒にも求め、信者には喜捨をおおいに勧めた。ムハンマドのもとに集まった金銭は、ムハンマド個人の消費にあてられもしたであろうが、その多くは、メディナ社会を統合するための政治資金であったろう。

登録された戦士

移住後六年ほどのとき、ムハンマドは千数百人の軍を率いて遠征した。めざしたのは、メディナの北方にあるハイバルというオアシスである。そこには、ムハンマドがメディナから追放したユダヤ教徒のナディール族がいた。ムハンマドはこの地を征服したが、ナディール族に引き続きその地のナツメヤシの農

▼**税**　ムハンマド時代の慣例にもとづきイスラーム世界の税制が整えられていったが、ハイバルでの収穫物の半分という前例が土地税の原則として採用された。

園の管理を委ね、彼らに、毎年その収穫物の半分をムハンマドに提供するという条件を課した。実質的に、税▲を課したのである。ムハンマドは、ハイバルから（税として）提供されるナツメヤシの一定部分を、遠征の参加者に分配することにした。これは一回かぎりの措置ではなく、毎年分配することを意味していた。遠征の参加者（戦士）は、ムハンマドが預かる参加者名簿（帳面としてあったのか、ムハンマドの秘書官の頭のなかにあったのかは不分明であるが）に登録され、毎年、年金のようにナツメヤシの分配に与ることになった。一方でムハンマドは、自分の取り分（全体の半分程度と想定される）も確保し、その一部を近親者（かならずしも遠征に参加していたわけではない）に割り振った。メディナの外部からの税の徴収と、それを特定の人物に分配するという権限をムハンマドは獲得し、その実務を担当する行政官（らしきもの）を任命したのである。

これを契機にムハンマドは、メディナ周辺の人びとに税を課すようになる。ムハンマドの政権は、メッカと一貫して戦争状態にあった。メッカ・メディナ周辺の人びとをどちらが味方につけるかの競争状態にあったことになる。ムハンマドは、使節を派遣したり、ときには軍事遠征をしたりして、周辺の人びとを味方につける努力を続けていた。味方にするさい、ムハンマドは神への信仰を受け入れることを条件にしたが、財政的負担をしいることはなかった。ハイバルへの遠征の直前、ムハンマドはメッカの衆と一〇年間の休戦協定▲を結んだ。そしてどちらも、周辺の人びとと自由に協定を結んでよいこととした。ムハンマドはこのような状態のなかで、新たにムハンマドと協定を結ぶ人びとには、税を課すことにしたのである。メディナのムハンマドの政権は、メディナの外部を(ただしこの段階ではアラビアのごく一部だが)支配する政権へと成長していったのである。そして徴税業務を担当する人物をおくことになった。

アラビアの覇者へ

移住から七年半ほどたった(西暦)六三〇年一月、ムハンマドはメッカを征服した。メディナの信徒と、その周辺の民、合わせて一万の軍を率いていたと、伝承は伝えている。メッカ征服直後、その軍は、メッカ周辺の民の連合軍▲を、激戦のすえに破った。伝承が伝える軍の数的規模の真偽はともあれ、アラビアではまれに見る大軍の激突であったことは疑いない。その勝者となったムハン

▼一〇年間の休戦協定　協定が結ばれた場所の名をとって「フダイビアの和約」と呼ばれる。不信仰者との協定の前例となった。

▼連合軍　この場合は、メッカから三日行程離れた高原の街ターイフの住民であるサキーフ族と、その周辺の遊牧民や小オアシスの民であるハワーズィン族の連合軍。

マドは、アラビア中で話題の人物になったに違いない。

このできごとの二年ほど前、ペルシア帝国はローマ帝国に大敗し、一時的に崩壊の危機にさらされていた。アラビア各地（主としてペルシア湾岸と南アラビア）の、かたちのうえではペルシア皇帝の臣下であった実力者は、後ろ盾を失ったのである。シリアとエジプトにいたペルシア帝国の駐屯軍は、本国に引き揚げた。その直後、大規模な戦いの勝者として、アラビアの新たな実力者となったムハンマドのもとに、アラビア全土（シリア砂漠も含む）から使節が訪れた。ムハンマドは、使節を受け入れ、信仰を説いた。また、各地に使節を派遣して、彼らに、それぞれの地で信仰を説き、税（形式上は喜捨）を集め、それをそれぞれの地の困窮者に分配するよう命じた。メディナのムハンマドの政権は、アラビア全土に影響力をおよぼすようになった。

メディナの信者は、実質的に、ムハンマドの政権の常備軍を形成した。また、メディナ内部の政治や、外部との交渉にあたるムハンマドの秘書官や使節（外交官や徴税官）も、それなりに存在するようになった。アラビアに、国家らしきものが誕生したのである。

新生国家の運命

ペルシア帝国を打ち破ったローマ帝国は、キリスト教を国教とする国家であった。キリスト教にとって、シリアにあるイェルサレム▲は最重要の聖地である。イェルサレムの聖墳墓教会▲には、イエスが処刑されたと伝えられている十字架が祀られている。十字架は、ペルシア帝国の帝都に奪い去られていた。それを奪い返したローマ皇帝は、聖墳墓教会におさめるべく、大軍とともにシリアにやってきた。メディナにいたムハンマドは、それを自らの危機ととらえ、ローマ帝国軍と戦う気になった。メッカ征服からの十カ月間、ムハンマドは各地からの使節を受け入れ、各地に使節を送り出す一方で、シリアでのローマ帝国軍との戦いの準備に没頭した。具体的には、人集めと金集めである。信仰を受け入れて、戦いへの参加を申しでる者が多数いた。一方で、信仰を受け入れるふりをしながら、戦いへの参加も、喜捨の提供もしぶる者も多くいた。メディナの信者のなかにも、戦いへの参加や喜捨をしぶる者がいた。この時期のコーランの文言は、そのような人びとへの非難の言葉で満ちている。

▼イェルサレム　現在イスラエルの領土とイスラエルが軍事占領下においている地域にまたがる都市。イスラームでは、メッカ、メディナにつぎ第三の聖地とされている。

▼聖墳墓教会　イエスが十字架の刑に処せられたのちに埋葬された墓の上に建てられた教会堂。現在も多くの巡礼者が訪れている。

アラビアには、安定した政治組織がどこにもなかった。組織をつうじて人集め、金集めができる社会ではないのである。ムハンマドの軍事力に屈服したハイバルのユダヤ教徒などは例外で、税(形式的には多くの場合喜捨)を集めることも、実際には容易ではなかった。それでもムハンマドは、伝承が伝えるところでは三万という軍勢を集めて、シリアに遠征した。アラビアで、これだけの大軍を組織することに成功したことじたいは、ムハンマドが政治的に大成功をおさめたことを意味していよう。しかし、ローマ帝国軍と遭遇することなく、軍はそのまま解散してしまった。

ムハンマドは、シリアへの遠征後、一年あまりで没した。死後、信仰を受け入れることや、定額の喜捨(事実上の税)をおさめることを約束していたアラビア各地の勢力(小集団の場合もあれば、それなりの規模の集団もある)は、約束を破棄してしまう。本書で紹介した筆者の創作のなかのウヤイナという実力者も、メディナをおそう準備を始めている。ムハンマドがつくった国家らしきものは、一日にして崩壊してしまったのである。そのことじたいが、この時代のアラビアの社会を象徴している。

　しかし、神への信仰を本気で受け入れた者が多数派となったメディナは別であった。メディナの信者は、ムハンマドの後継者(カリフ)となった人物のもとにまとまりを保ち、アラビアのアラブを再組織していく。カリフのもとに組織されたアラブは、アラビアの外にでて、広大な地域を征服した。アラブの戦士たちは、征服地の各地に設けられた軍事基地都市で、カリフの政権に登録された。アラビアの外で、アラブは安定的に組織されるようになり、国家の主人公となったのである。

アラブ意識の拡散

　アラビアの外の征服地で、アラブは軍事拠点となった基地都市に集住した。彼らは明らかに、被征服民とは異なる存在であった。外見も言語も異なっていたが、同時に信仰も異なっていた。非征服民の大多数は、キリスト教徒かユダヤ教徒で、ムスリムと同じく唯一神の信者ではあった。しかし、ムハンマドは、ユダヤ教徒やキリスト教徒との論争をへて、それらとは異なる第三の一神教としてのイスラームの教義と儀礼を整えていた。アラブは、なによりも系譜の点でアラブであると自覚し、信仰の面でムスリムであると自覚して、被征服民と自らを区別していた。しかし、アラブの社会はさま変わりした。アラビアに居残ったアラブは別として、征服地に移住したアラブは、戦士であること以外に生業をもたなかった。征服地からの膨大な税収を年金のかたちで受け取り、総督の呼びかけに応じて征服戦争に参加するだけが男の仕事となった。

征服者となってから三世代、四世代と交替していくうちに、アラブは変質していった。アラブは、父系の系譜でアラブであり、母系はどうでもよかった。母親がペルシア人、ギリシア人、黒人など他民族であるアラブがふえていった。形質のうえでアラブである特質はなにもなくなっていく。また、非アラブがムスリムとなり、アラブのハリーフと称して、事実上アラブ化していくケースが多くなる。さらに系譜のうえでのアラブも、政治的争いに敗れたり、ときには反政府の旗印を掲げて武装蜂起したりして、政府の登録簿からはずされて征服者としての特権を失う者も続出した。そのような人びとは、商人や農民として、被征服民とまじって生活するようになる。アラブと非アラブの境があいまいになっていった。

イラクやシリアの住民の母語はシリア語ともアラム語とも呼ばれていた言語で、アラビア語に近似していた。彼らの多くは、イスラームの信仰を受け入れるのと並行して、アラビア語も母語として受け入れるようになっていく。またエジプトや北アフリカの住民も、イスラームとアラビア語を受け入れていった。ムハンマドの死後から三〇〇年もすると、アラブは、これらの地域の住民一般を指す言葉になった。その意味で、アラブ社会は、さま変わりしたのである。

一方で、アラビアのアラブは、ムハンマドの時代とあまり変わらない社会を長らく維持した。ムハンマドに組織され、その死後いったんは離反し、また初代カリフ、アブー・バクルによって組織されたアラビアのアラブは、アラビアから去った。残ったアラブは、イスラームの聖都となったメッカとメディナの住民を除いて、カリフの統制に服することはなかった。大小のオアシスや遊牧地で、筆者が創作した物語の主人公マスアダ同様に、特定の長に統制されることのない自立した生活を送りつづけたのである。

参考文献

史料

磯崎定基・飯森嘉助・小笠原貞治訳『日訳サヒーフ　ムスリム』日本ムスリム協会（全三巻）二〇〇二年
井筒俊彦訳『コーラン』（全三巻、岩波文庫）岩波書店　一九五七〜五八年
後藤明・医王秀行・高田康一・高野太輔訳『預言者ムハンマド伝』岩波書店（全四巻）二〇一〇〜一二年
座喜純・岡島稔訳『預言者の生涯——イスラーム文明を創造した男の物語』ブイツーソリューション（全四巻、四巻は未刊）二〇一〇〜一一年
藤本勝次・伴康哉・池田修訳『コーラン』中央公論社　一九七〇年
牧野伸也訳『ハディース——イスラーム伝承集成』中央公論社（全三巻）一九九三年
三田了一訳『聖クルアーン』日本ムスリム協会　一九八二年

ムハンマド伝

井筒俊彦『マホメット』（講談社学術文庫）講談社　一九八九年
後藤明『ムハンマドとアラブ』東京新聞出版局　一九八〇年
嶋田襄平『預言者マホメット』（角川新書）角川書店　一九六六年
嶋田襄平『マホメット——イスラムの原点を探る』清水書院　一九八四年

藤本勝次『マホメット――ユダヤ人との抗争』（中公新書）中央公論社　一九七一年
牧野伸也『マホメット』講談社　一九七九年

専門の学術研究書・論文

医王秀行『預言者ムハンマドとアラブ社会――信仰・暦・巡礼・交易・税からイスラム化の時代を読み解く』福村出版　二〇一二年
高野太輔『アラブ系譜体系の誕生と発展』山川歴史モノグラフ16　山川出版社　二〇〇八年
後藤明「イスラム勃興期のアラブ社会の構造――血縁集団内の非血縁分子の性格と血縁集団の性格について」『イスラム世界』七　一九七〇年
後藤明「アラブ戦士集団の成立」『歴史学研究』三八二　一九七二年
後藤明「アラブ部族社会とイスラム」『「イスラム化」にかんする共同研究報告』六　一九七三年
後藤明「イスラム勃興期のアラブ社会の構造二――商活動と宗教活動を軸として」『イスラム世界』一一　一九七六年
後藤明「『メディナ憲章』に関する若干の考察」『東洋史研究』三六―二　一九七七年
後藤明「ヒジュラ前後のメディナの政情」『オリエント』二三―二　一九八一年
後藤明「自由都市メッカ」護雅夫編『内陸アジア・西アジアの社会と文化』山川出版社　一九八三年
後藤明「ムハンマド伝の史料に関する覚書（一）」『山形大学史学論集』五　一九八五年
後藤明「ムハンマド伝の史料に関する覚書（二）」『山形大学史学論集』七　一九八七年

後藤明「ムハンマド伝の史料に関する覚書――伝承（ハディース）について」『東洋文化研究所紀要』一一八　一九九二年
後藤明「クライシュ族再考」『東洋大学部紀要・史学科編』三〇　二〇〇四年
後藤三男『説話で綴るイスラム黎明期』ごとう書房　一九九九年

図版出典一覧

Lewis, Bernard, ed., *The World of Islam: Faith, People, Culture*, London: Thames and Hudson, 1997. *65* 上, *65* 中, *65* 下, *72*
佐藤次高提供 *3*
PPS 通信社 *45* 上, *45* 中, *69*, カバー表, 扉
ユニフォトプレス *6, 18, 31, 45* 下, *52, 53, 73, 76*, カバー裏

世界史リブレット100

ムハンマド時代《じだい》のアラブ社会《しゃかい》

2012年9月30日　1版1刷発行
2022年7月31日　1版3刷発行

著者：後藤《ごとう》　明《あきら》

発行者：野澤武史

装幀者：菊地信義

発行所：株式会社 山川出版社

〒101-0047　東京都千代田区内神田1-13-13
電話　03-3293-8131(営業) 8134(編集)
https://www.yamakawa.co.jp/
振替　00120-9-43993

印刷所：明和印刷株式会社

製本所：株式会社 ブロケード

 ISBN978-4-634-34938-4

世界史リブレット　第Ⅲ期［全36巻］

〈白ヌキ数字は既刊〉

93 古代エジプト文明——近藤二郎
94 東地中海世界のなかの古代ギリシア——岡田泰介
95 中国王朝の起源を探る——竹内康浩
96 中国道教の展開——横手　裕
97 唐代の国際関係——石見清裕
98 遊牧国家の誕生——林　俊雄
99 モンゴル帝国の覇権と朝鮮半島——森平雅彦
100 ムハンマド時代のアラブ社会——後藤　明
101 イスラーム史のなかの奴隷——清水和裕
102 イスラーム社会の知の伝達——湯川　武
103 スワヒリ都市の盛衰——富永智津子
104 ビザンツの国家と社会——根津由喜夫
105 中世のジェントリと社会——新井由紀夫
106 イタリアの中世都市——亀長洋子
107 十字軍と地中海世界——太田敬子
108 徽州商人と明清中国——中島楽章
109 イエズス会と中国知識人——岡本さえ
110 朝鮮王朝の国家と財政——六反田豊
111 ムガル帝国時代のインド社会——小名康之
112 オスマン帝国治下のアラブ社会——長谷部史彦
113 バルト海帝国——古谷大輔
114 近世ヨーロッパ——近藤和彦
115 ピューリタン革命と複合国家——岩井　淳
116 産業革命——長谷川貴彦
117 ヨーロッパの家族史——姫岡とし子
118 国境地域からみるヨーロッパ史——西山暁義
119 近代都市とアソシエイション——小関　隆
120 ロシアの近代化の試み——吉田　浩
121 アフリカの植民地化と抵抗運動——岡倉登志
122 メキシコ革命——国本伊代
123 未完のフィリピン革命と植民地化——早瀬晋三
124 二十世紀中国の革命と農村——田原史起
125 ベトナム戦争に抗した人々——油井大三郎
126 イラク戦争と変貌する中東世界——保坂修司
127 グローバル・ヒストリー入門——水島　司
128 世界史における時間——佐藤正幸